Rémy DESQUESNES

Les poches de résistance allemandes sur le littoral français

Août 1944 - mai 1945

Editions OUEST-FRANCE

LES 12 *FESTUNGEN* OU FORTERESSES, À LA VEILLE DU DÉBARQUEMENT DE NORMANDIE, SUR LE FRONT OUEST.

INTRODUCTION

Les poches de l'Atlantique

Dès janvier 1944, Hitler prenait la décision de bloquer les grands organismes portuaires du littoral de l'Europe de l'Ouest en les transformant en *Festungen*, ou forteresses. Selon les ordres, ces solides bastions devaient constituer les môles d'ancrage les plus puissants du mur de l'Atlantique, pouvoir résister à toute tentative d'assaut ennemi et être le point de départ de futures contre-attaques. Malgré les puissantes défenses mises en place conformément aux ordres de Berlin, la forteresse de Cherbourg tombait aux mains des Américains, à la fin du mois de juin, soit trois semaines après le débarquement de Normandie. La chute de Cherbourg sera suivie,

CI-DESSUS
OBSÉDÉ PAR LES ÎLES ANGLO-NORMANDES, SEUL TERRITOIRE BRITANNIQUE CONQUIS, HITLER Y ACCUMULAIT DE FORMIDABLES DÉFENSES.

CI-CONTRE
BREST :
difficile progression des troupes américaines dans la *Festung*.

dans les trois mois suivants, de la capture des forteresses de Saint-Malo, du Havre, de Brest, de Calais et de Boulogne. Les autres *Festungen*, celles de Dunkerque sur la mer du Nord, des îles anglo-normandes en Manche ainsi que celles de l'Atlantique devaient rester aux mains des Allemands jusqu'à la fin des hostilités.

Sans intérêt sur le plan stratégique, depuis que les Alliés disposaient pour le ravitaillement du corps expéditionnaire, des ports de la Manche et surtout d'Anvers (fin 1944), les poches de l'Atlantique apparaissent, à vrai dire, comme un grand gaspillage de forces et, surtout, comme une opération de prestige pour un Reich finissant. Alors que Hitler était engagé sur son territoire dans un combat désespéré et sans issue, il pouvait s'enorgueillir de bloquer plusieurs grands organismes portuaires sur le front de l'Ouest et de disposer, sur le littoral, d'une armée invaincue !

Du côté allié, les poches n'étaient pas véritablement considérées comme une gêne. Pour Eisenhower, il n'était pas question, après les difficultés rencontrées lors de la capture de Brest, de préparer une offensive de grand style pour conquérir les forteresses côtières allemandes. Une simple opération de *containment* était suffisante ; autrement dit, pour le commandant en chef du corps expéditionnaire allié, il fallait se contenter de contenir l'ennemi dans ses enclaves, à la

CI-DESSOUS
ANVERS :
navire allié entrant dans le port.

CI-CONTRE
LES GÉNÉRAUX EISENHOWER ET PATTON
(été de 1944).

façon d'une digue opposant un barrage au flot montant. Cette position d'attente n'était pas du goût de De Gaulle qui souhaitait en découdre avec l'occupant. Le chef du Gouvernement provisoire de la République française (GPRF) avait besoin, sur le plan diplomatique, lors des grandes conférences internationales, de montrer aux Alliés que la France disposait d'une nouvelle armée et que cette armée, qui avait combattu en Afrique du Nord, en Italie et en Provence, et qui combattait aux côtés des troupes américaines en Allemagne sous le commandement du général de Lattre de Tassigny, pouvait aussi remporter, sur le front de l'Atlantique, une victoire contre les Allemands. Cette recherche d'un succès militaire à tout prix devait conduire le général de Larminat, commandant des forces françaises sur l'Atlantique, à monter, à la mi-avril 1945, alors que les Russes étaient dans la banlieue de Berlin et que le sort du Reich était scellé, une opération de grande échelle, visant à reprendre la poche de Royan à l'ennemi. Cet assaut fut un succès. L'armée française pouvait s'enorgueillir d'avoir remporté une victoire sur le territoire national et d'avoir chassé les Allemands de la forteresse, mais, revers de la médaille, une ville entière était rasée ou presque ! Le prestige n'était donc pas que d'un seul côté. Seulement, dans le second cas, il était du bon côté, celui de la juste cause.

Le présent ouvrage relate donc l'histoire des enclaves allemandes demeurées sur le littoral français après la libération du territoire national (début septembre 1944) jusqu'à la capitulation du Reich (7-8 mai 1945). Ecrit en 2010, soit soixante-cinq ans après les événements, construit avec la rigueur qui sied à une recherche historique, ce livre n'est pas un récit héroïsant. Nul besoin de déguiser, de travestir ou d'embellir la vérité. Loin d'être incolore, inodore et sans saveur, cette chronique n'a pas d'autre ambition que de tenter d'expliquer la réalité sans omettre l'un des

CI-CONTRE
LORIENT :
mise en place des éléments d'une porte blindée dans la base sous-marine.

participants – les défenseurs allemands enfermés dans leurs forteresses – et les assiégeants – troupes américaines, britanniques, canadiennes, une brigade tchèque et de nombreuses unités de FFI.

On trouvera, ici, une vue d'ensemble des *Wesfestungen* (forteresses du front de l'Ouest). Présenter individuellement la demi-douzaine de poches aurait inévitablement conduit à de multiples répétitions, aussi a-t-on pris le parti

CI-DESSUS
VUE DES ALVÉOLES D'UN BUNKER SERVANT D'ABRI À DES UNITÉS LÉGÈRES DE SURFACE DE LA KRIEGSMARINE.

de tracer un tableau d'ensemble. Les souffrances endurées en raison du froid, au cours du terrible hiver de 1944-1945 par les anciens maquisards devenus, à l'automne de 1944, des engagés volontaires, étaient aussi insupportables dans les marais de la Seudre, en arrière de Royan, que dans les Moëres, en arrière de Dunkerque. Les razzias lancées dans les campagnes françaises par les soldats allemands afin de dévaliser les silos à grain, les laiteries ou de s'emparer du bétail ne se déroulaient-elles pas toutes de nuit et selon un scénario standard ? Quant aux raisons qui poussaient les soldats polonais ou russes engagés de force dans la *Wehrmacht* à déserter, inutile de confirmer qu'elles sont les mêmes, d'un bout à l'autre du front côtier, de Dunkerque au Verdon.

Quelle était l'importance des défenses et des forces ennemies enfermées dans ce que la propagande allemande devait baptiser les *Atlantikfestungen* (forteresses de l'Atlantique) ? Comment ces garnisons isolées du reste du monde étaient-elles ravitaillées ? Quel était l'état d'esprit des troupes emprisonnées dans les ports français par des bataillons de maquisards et des divisions américaines ? Quels furent les principaux affrontements et comment la guerre devait-elle s'achever pour ces garnisons dont les chefs avaient choisi de résister jusqu'au bout ? Voilà les questions auxquelles cet ouvrage a l'ambition de répondre.

EUROPE
si tous les gars du monde
voulaient bien être marins
on ferait avec leurs barques
un joli pont sur l'onde
(Paul Fort)
BUREAU DE RECRUTEMENT MARITIME
BUREAU DE RECRUTEMENT MARITIME

NAISSANCE ET RENFORCEMENT DES FORTERESSES

En janvier 1944, deux mois après avoir confié à Rommel la tâche de repousser l'invasion alliée, Hitler se penchait à nouveau sur le front de l'Ouest et publiait plusieurs directives.

La directive du 19 janvier 1944

Face à la dégradation de la situation sur le front de l'Est et à la menace d'un débarquement anglo-américain sur le front de l'Ouest, le Führer prenait, au début de l'année 1944, des mesures destinées à décourager les Alliés de lancer leur opération d'envergure en bloquant tous les grands ports de la côte de l'Europe de l'Ouest. Dans la *Weisung* (directive) envoyée, le 19 janvier 1944, au maréchal von Rundstedt, qui avait le titre d'*Oberbefehlshaber West* (commandant suprême sur le front de l'Ouest), le Führer ordonnait que les grands organismes portuaires sur la mer du Nord, sur la Manche et sur l'Atlantique (Ijmuiden, Dunkerque, Le Havre, Cherbourg, Lorient...) fussent transformés en d'imprenables forteresses (*Festungen*). Cette décision prouve que l'OKW (le haut commandement de la *Wehrmacht*) attendait bien l'offensive anglo-américaine à proximité d'un port. Toutefois, le refus d'abandonner la défense des côtes les plus éloignées de la Grande-Bretagne ou, si l'on préfère, le

PAGE DE GAUCHE

PARIS : BUREAU DE RECRUTEMENT DE LA *KRIEGSMARINE*.

Au-dessus de la porte d'entrée et du poème de Paul Fort, figure une bande dessinée montrant des marins allemands vêtus de différentes tenues.

Directive du 19 janvier 1944

Le Führer ordonne : Dans le territoire placé sous les ordres du commandant général des forces armées du front de l'Ouest, les secteurs défensifs côtiers suivants sont désignés comme *Festungen* :
a) dans le secteur commandant des forces armées aux Pays-Bas : Ijmuiden et Hook van Holland
b) dans le secteur de la 15e armée : Dunkerque, Boulogne, Le Havre
c) dans le secteur de la 7e armée : Cherbourg, Saint-Malo, Brest, Lorient et Saint-Nazaire
d) dans le secteur de la 1re armée : les rives nord et sud de la Gironde [...]
Signé : Jodl

maintien de la dispersion des moyens défensifs sur l'ensemble de la côte de l'Europe occidentale, des ports de la Hollande à ceux de la Gironde, montre que le Grand Etat-Major était bien dans l'ignorance du plan d'assaut allié. En débarquant entre les grands ports, sur des plages nues, à l'aide de deux ports artificiels, les Alliés devaient adroitement contourner le coûteux système défensif côtier du mur de l'Atlantique et décontenancer l'Etat-Major allemand.

La directive du 17 août 1944

Au début du mois d'août, alors que la bataille de Normandie faisait rage et que les nuages s'amoncelaient à l'ouest pour le commandement allemand, Hitler tentait, dans la région de Mortain, de couper en deux l'armée de Patton et d'enfermer dans la péninsule bretonne les unités qui s'y étaient engagées. Cet ultime sursaut offensif qui avait nécessité une dangereuse avancée des armées de von Kluge en direction de la côte était non seulement un cuisant échec, mais il était immédiatement suivi d'une manœuvre d'encerclement des armées allemandes en Normandie, alors qu'un second débarquement se déroulait dans le sud de la France (15 août). Deux jours plus tard, face à la menace que représentait la grande tenaille mise en place en France par les Alliés, Hitler ordonnait le repli vers le Reich de la 1re Armée, grande formation qui occupait le sud-ouest de la France. Dans le même télégramme, le Führer demandait à la *Kriegsmarine* d'engager toutes ses forces disponibles pour conserver les ports érigés en *Festungen*, au début de l'année, y compris quelques ports supplémentaires comme Saint-Jean-de-Luz, Biarritz et Bayonne sur la côte atlantique ainsi que Marseille et Toulon, sur la Méditerranée. Finalement, face à la situation chaotique créée par l'évacuation des troupes occupant le bassin d'Aquitaine, la *Kriegsmarine*, qui avait déjà dû abandonner les forteresses de Cherbourg (27 juin) et de Saint-Malo (17 août), devait évacuer les ports proches de la frontière espagnole ainsi que les ports de Marseille et Toulon, devant l'irrésistible poussée des forces alliées.

PAGE DE DROITE
CHERBOURG : habitation détruite après un bombardement allié.

La directive du 4 septembre 1944

Après la fin de la campagne de Normandie (21 août), les armées alliées franchissaient la Seine, assiégeaient la forteresse du Havre puis libéraient Bruxelles et, par miracle, réussissaient à s'emparer, dans la foulée, du grand port d'Anvers (4 septembre). Alors que les troupes britanniques entraient dans Anvers, Hitler revenait, dans une dernière directive sur la question des *Festungen*. Dans ce texte, il ordonnait à la 15e Armée de procéder au renforcement des défenses des zones fortifiées situées dans son commandement : les ports de Boulogne, Calais et Dunkerque, l'île de Walcheren ainsi que le port de Vlissingen, en Zélande. En bloquant ces ports, l'objectif du Führer était de gêner la progression des armées alliées, dont les approvisionnements provenaient encore du port de Cherbourg remis en état et du *mulberry* d'Arromanches.

La directive du 4 septembre 1944

« Vu la percée des forces blindées de l'ennemi en direction d'Anvers, il est devenu très important pour la poursuite de la guerre de tenir « [...] die Festungen Boulogne und Dunkirchen, den Verteidigungsbereich Calais, die Insel Walcheren mit dem Hafen Vlissingen, den Brückenkopf in Antwerpen und die Stellung am Albert-Kanal zu halten... » [les forteresses de Boulogne et de Dunkerque, la zone de défense de Calais, l'île de Walcheren avec le port de Vlissingen, la tête de pont d'Anvers et la position du canal Albert jusqu'à Maëstricht...]. La puissance défensive des forteresses devra être accrue au moyen d'approvisionnements supplémentaires de munitions prélevés sur la 15e Armée, en particulier des munitions antichars [...] »

Kriegstagebuch ou KTB, OKW, 1944-1945, Tb. 1, p. 366.

CI-DESSOUS
PROVENCE : débarquement des troupes françaises (août 1944).

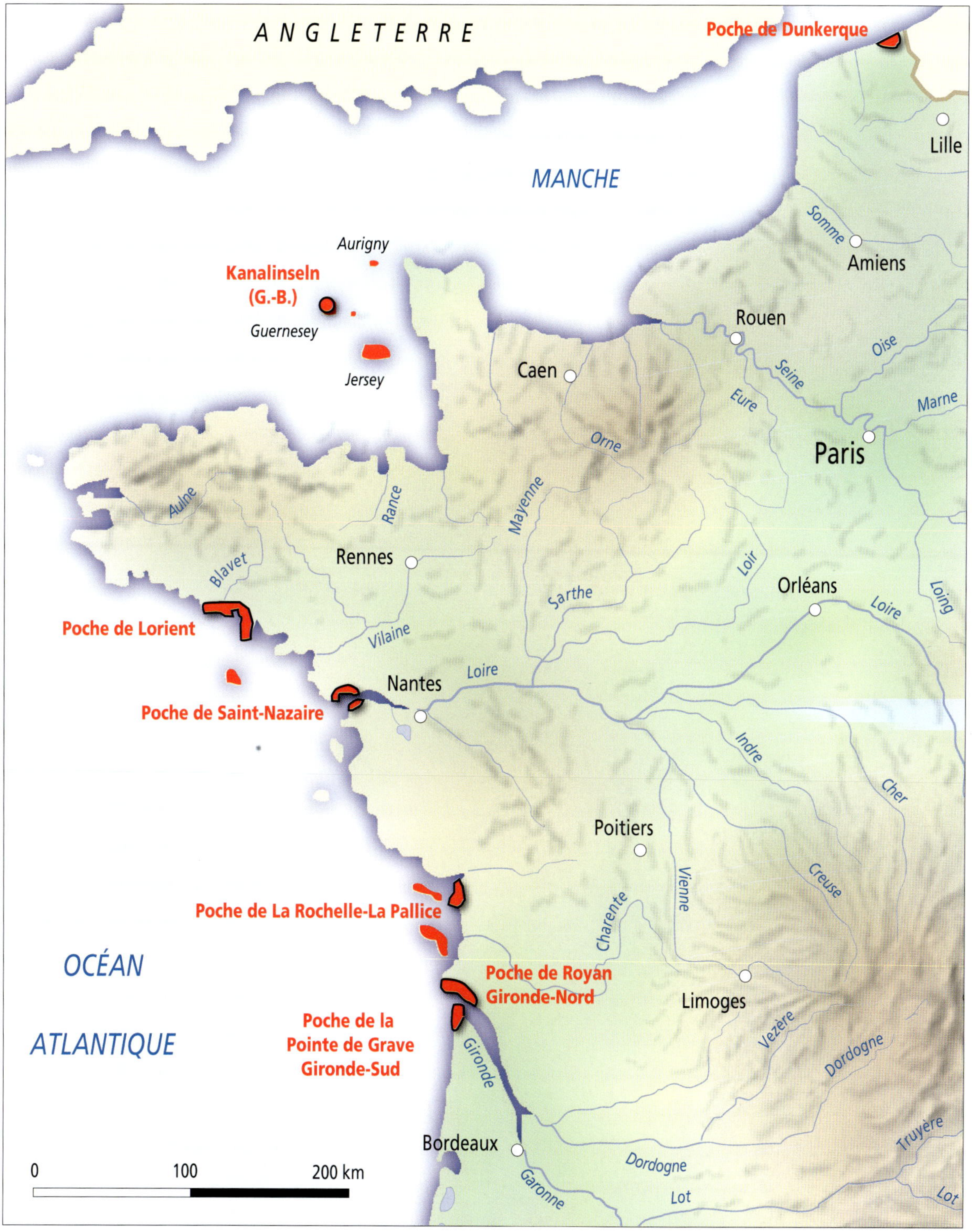

LES POCHES DE RÉSISTANCE ALLEMANDES SUR LE FRONT OUEST (FIN SEPTEMBRE 1944).

LES POCHES DE LA CÔTE ATLANTIQUE À LA FIN DE L'ÉTÉ 1944

LES FORTERESSES DE L'ATLANTIQUE (1944-1945)

Les secteurs côtiers demeurant entre les mains des Allemands, après l'évacuation du territoire français par la *Wehrmacht* à l'automne de 1944, et s'étendant de façon discontinue entre Dunkerque au nord et l'embouchure de la Gironde au sud, représentaient un peu moins de un pour cent de la superficie du pays. Toutefois, *die Verteidigung der Festungen* – le dispositif défensif des forteresses ou ancien Mur de l'Atlantique) – n'était nullement négligeable. Outre 1 300 pièces d'artillerie, dont un certain nombre de très gros calibre, l'ennemi disposait, dans les poches, d'une armée de 95 000 hommes, chiffre figurant dans le *Kriegstagebuch der Oberkommando der Wehrmacht* (Journal de guerre du haut commandement de l'armée allemande). Au cours des neuf mois de résistance sur notre territoire libéré, le commandement allemand ne devait pas cesser de renforcer et de perfectionner ses lignes de défense, principalement du côté terrestre, flanc le plus menacé pour les forteresses.

La *Festung* de Dunkerque

Bien que située loin du littoral atlantique, sur les côtes de la mer du Nord, Dunkerque fait partie de ce que le commandement allemand désignait sous l'expression *Westfestugen* (les forteresses du front de l'Ouest 1944) pour les distinguer, dans les communiqués militaires, des forteresses existant, à la même époque, sur d'autres fronts. On trouvait de tels camps retranchés, par exemple, en Crète (*Festung* Kreta), dans les îles de la mer Egée ou encore sur le territoire du Reich, comme la *Festung* de Pillau, en Prusse-Orientale. Evoquant une citadelle moyenâgeuse imprenable, le terme « forteresse » était à la mode, à la fin de la Seconde Guerre mondiale : aux *Festungen* de l'*Atlantikwall* (mur de l'Atlantique), les Alliés allaient opposer leurs *Flying Fortresses* (forteresses volantes B-17).

Sans atteindre la puissance des formidables défenses du secteur de Boulogne, la *Festung* de Dunkerque présentait, en septembre 1944, au moment de la formation de la poche, de solides fortifications, une puissante artillerie ainsi qu'une nombreuse garnison. Ayant la forme d'un rectangle, la *Festung* s'étendait sur 20 km de côte, entre Bray-Dunes et Mardyck, et s'enfonçait de 8 km dans l'arrière-pays. Englobant une quinzaine de communes et plusieurs milliers d'habitants, la forteresse allemande avait à peu près le même périmètre et la même surface que la poche créée, en 1940, pour permettre le rembarquement du corps expéditionnaire britannique et de troupes françaises. Du côté de la terre, la *Festung* était ceinturée de canaux et de terres inondées.

Huit batteries d'artillerie participaient directement à la défense de Dunkerque : cinq positions (la batterie de Malo, les trois installations du port de Dunkerque plus celle du fort Mardyck) et trois un peu en arrière (batterie du fort des Dunes, de Leffrinckoucke, position de Coudekerque-Branche et celle du canal Mardyck). Comme ailleurs sur le

CI-DESSOUS
DUNKERQUE : défenses allemandes sur la plage de Malo-les-Bains.

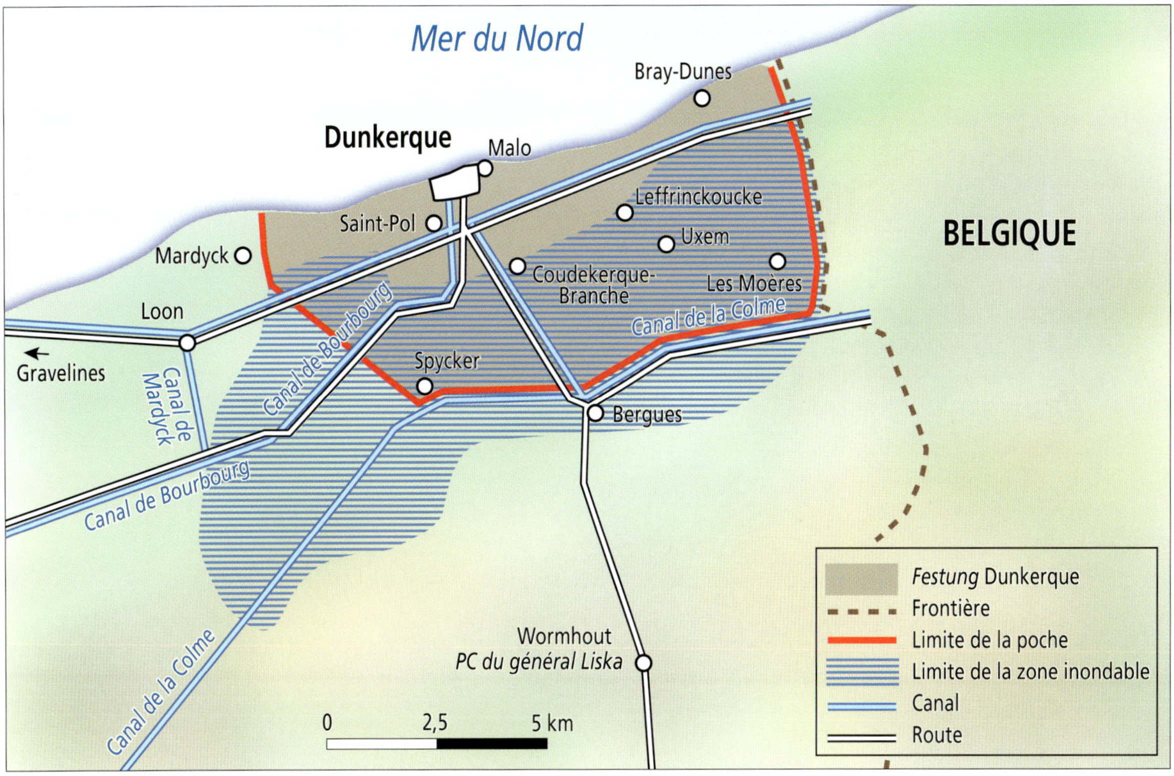

LA FESTUNG DUNKIRCHEN.

mur de l'Atlantique, les pièces d'artillerie, la plupart d'origine française, comprenaient différents calibres : trois canons de 21 cm ayant une portée de 23 000 m, une dizaine de pièces de marine d'un calibre de 16,4 cm (20 000 m) et une bonne vingtaine de canons de 15,5 cm (19 000 m), soit au total un peu plus d'une trentaine de bouches à feu de gros calibre.

En plus de l'artillerie à longue portée, le littoral était renforcé de nombreux points

CI-CONTRE
LEFFRINCKOUCKE : batterie d'artillerie côtière de la Marine, baptisée « Malo-Terminus » par les Allemands, bâtie sur l'emplacement de l'ancienne batterie française de Zuydcoote.

d'appui armés de canons antichars, de pièces de *Flak* (DCA), d'obusiers, de lance-grenades, de mitrailleuses ou de lance-flammes. Depuis les inspections de Rommel, le plat-pays, entre les canaux de Bourbourg et de la Haute-Colme, était inondé. D'autres secteurs seront inondés par les eaux marines à la suite de l'ouverture des portes des écluses à marée haute. Pour compléter la défense, des kilomètres de fossés antichars seront creusés par la garnison. Au total, selon les archives du 27. *Festungs Pionier Stab* (27e état-major du génie de forteresse) consultables à la bibliothèque du Génie au château de Vincennes, il y avait, à la date du 25 juin 1944, dans le secteur défensif de Dunkerque, plus de 200 ouvrages bétonnés. Le plus important de ces ouvrages était le massif bunker (175 m de long sur 30 m de large) abritant dragueurs de mines et vedettes lance-torpilles. Malgré les bombardements de cette base navale par l'aviation alliée et les explosions de munitions à l'intérieur, en juillet 1944 l'ouvrage continuait de dominer les bassins du port.

La forteresse de Dunkerque était en partie défendue par des troupes provenant de la 59e division ainsi que par celles de la 226e division, formation de médiocre valeur combative, par des unités appartenant à l'artillerie de marine, à l'artillerie de l'armée de terre, à des bataillons de la *Flak* et à diverses unités qui avaient trouvé refuge dans la forteresse au moment de l'avance des troupes alliées. Au total, la garnison comprenait entre 12 000 et 15 000 hommes placés sous le commandement du vice-amiral Frisius, officier inflexible, hautain, ne tolérant aucune entorse à la discipline. Dans son Journal, document exceptionnel, aujourd'hui traduit en français, Frisius, officier supérieur d'une grande rigueur morale, respectueux du règlement jusqu'à l'inhumain, indique que la *Festung* disposait, à l'automne de 1944, de plus de 350 pièces d'artillerie de tous calibres, dont près de la moitié de canons de *Flak* (DCA). C'était un arsenal que les Alliés ne pouvaient négliger.

EN HAUT
DUNKERQUE-EST.
Prise lors d'une mission de reconnaissance aérienne par l'US Air Force, le 24 décembre 1944, cette photo montre la partie est du port de Dunkerque. On aperçoit le débouché du canal de Bergues ainsi que les centaines d'obstacles plantés sur la plage et, en arrière, des fortifications reliées par des tranchées. Les deux ponts franchissant le canal dans sa partie sud ont été détruits par l'aviation alliée. A gauche, en bas, on peut voir l'extrémité du port d'échouage bordé par les vastes bâtiments des chantiers de construction navale, eux-mêmes défendus par de nombreuses tranchées.

CI-DESSUS
DUNKERQUE :
grue flottante au premier plan et, à l'arrière, base pour vedettes rapides.

La *Festung* de Lorient

CI-DESSOUS
LORIENT :
grand chariot permettant de hisser les sous-marins les plus lourds dans les alvéoles grâce à un *slipway*, ou plan incliné.

En plus du secteur défensif protégeant la base sous-marine, la forteresse de Lorient englobait la presqu'île de Quiberon, l'île de Groix, Belle-Ile ainsi que les îlots de Houat et Hoëdic. Constituant le cœur de la *Festung*, couvrant une superficie de trente hectares, l'*U-Boot Basis* de Lorient-Kéroman est de toutes les constructions édifiées par les Allemands sur le littoral de l'Europe de l'Ouest au cours du dernier conflit, la plus importante. A l'origine, la base pour sous-marins ne comprenait que deux *Dombunkers*

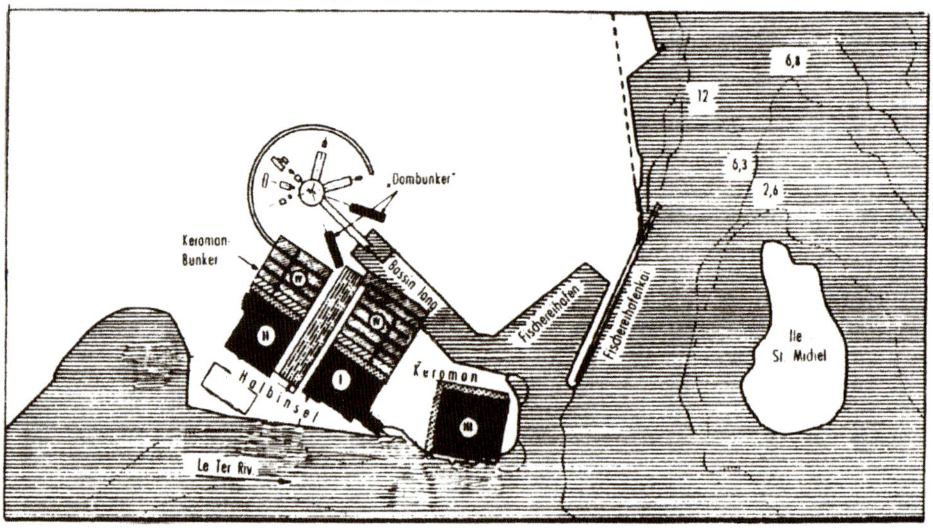

BUNKERS CONSTRUITS

BUNKERS EN CONSTRUCTION OU PRÉVUS

Plan extrait de l'ouvrage du général Wilhelm Fahrmabacher.

construits sur le terre-plein dominant le Bassin Long. Au début de l'année 1941, l'Organisation Todt entamait la construction de trois autres bunkers géants qui étaient achevés en 1943. Pouvant abriter une quarantaine de sous-marins dans des alvéoles comportant chacun deux quais, des escaliers pour la descente dans le fond des formes de radoub et un pont roulant, la base de Lorient est un ouvrage sans équivalent dans le monde. En arrière des alvéoles, on trouvait les magasins, la station de pompage, l'usine électrique, la salle de ventilation, les ateliers et enfin les logements des matelots. En août 1944, une demi-douzaine de sous-marins et une flottille d'une trentaine de chalutiers armés assurant les relations avec les autres poches se trouvaient dans les alvéoles de la base.

Pour protéger ces abris stratégiques permettant à la *Kriegsmarine* de mener la guerre dans l'Atlantique, la côte comportait de nom-

CI-DESSOUS
LORIENT-KÉROMAN : vue de la base sous-marine.

CI-DESSUS
LORIENT :
vue aérienne
de la base.

breuses batteries d'artillerie servies par des unités de la marine ou de l'armée de terre. Les deux piliers de la défense lointaine de la *Festung* étaient situés en avant du continent : le premier, dans la presqu'île de Quiberon (trois énormes pièces de marine, d'origine française, installées dans l'ancien camp du Bégot, ayant une portée de 40 000 m), et le second, dans l'île de Groix, éloignée d'une demi-douzaine de milles de la côte (deux tourelles doubles d'un calibre de 20,3 cm installées dans l'ancien fort de Grognon, ayant une portée de 35 000 m dans tous les azimuts). Ces pièces lourdes étaient ainsi capables d'interdire toute navigation entre l'archipel des Glénan et Belle-Ile. En plus de ces formidables positions, de nombreuses autres batteries côtières, équipées le plus souvent de canons de 15,5 cm, participaient à la défense de la *Festung* et de la rade de Quiberon. Dans son ouvrage intitulé *Lorient. Entstehung und Verteidigung des Marine-Stützpunktes 1940/1945*, le général Fahrmbacher, commandant de la poche, estime qu'il y avait dans le camp retranché de Lorient, y compris Quiberon et les îles, environ 250 canons d'un calibre égal ou supérieur à 7,5 cm plus 120 grosses pièces de *Flak*, ce qui fait un

CI-CONTRE
U-BOOT 25, SOUS-MARIN DE TYPE A18.

total d'environ 400 pièces d'artillerie, soit de quoi équiper une bonne centaine de batteries assistées pour le réglage du tir de radars et de projecteurs. La seule grande faiblesse de la poche de Lorient était le faible nombre de blindés (environ une douzaine).

Comme toutes les constructions stratégiques, la base navale de Lorient était défendue, du côté de la terre, par une ceinture défensive. Longue de 25 km, comportant une série de points d'appui et de nids de résistance précédés de fossés antichars et de

CI-CONTRE
SOUS-MARIN EN RÉPARATION À LORIENT.

champs de mines, partant du fort du Talud, à l'ouest, cette ligne traversait le Scorff et le Blavet à la hauteur d'Hennebont et redescendait vers le sud en longeant le Blavet sur sa rive gauche. Au début du mois d'août 1944, date de la création de la poche, la ligne de résistance sera repoussée à la Laïta, du côté ouest et à la rivière d'Etel, à l'est, englobant ainsi vingt-cinq communes et près de 10 000 civils. Cet élargissement du périmètre défensif long désormais de 65 km sur lequel butera la 4e division blindée US du général Wood, au début du mois d'août, permettait de créer, en avant de la *Festung*, un vaste *no man's land* entre Allemands et Alliés. Comptant 25 000 hommes, la garnison était

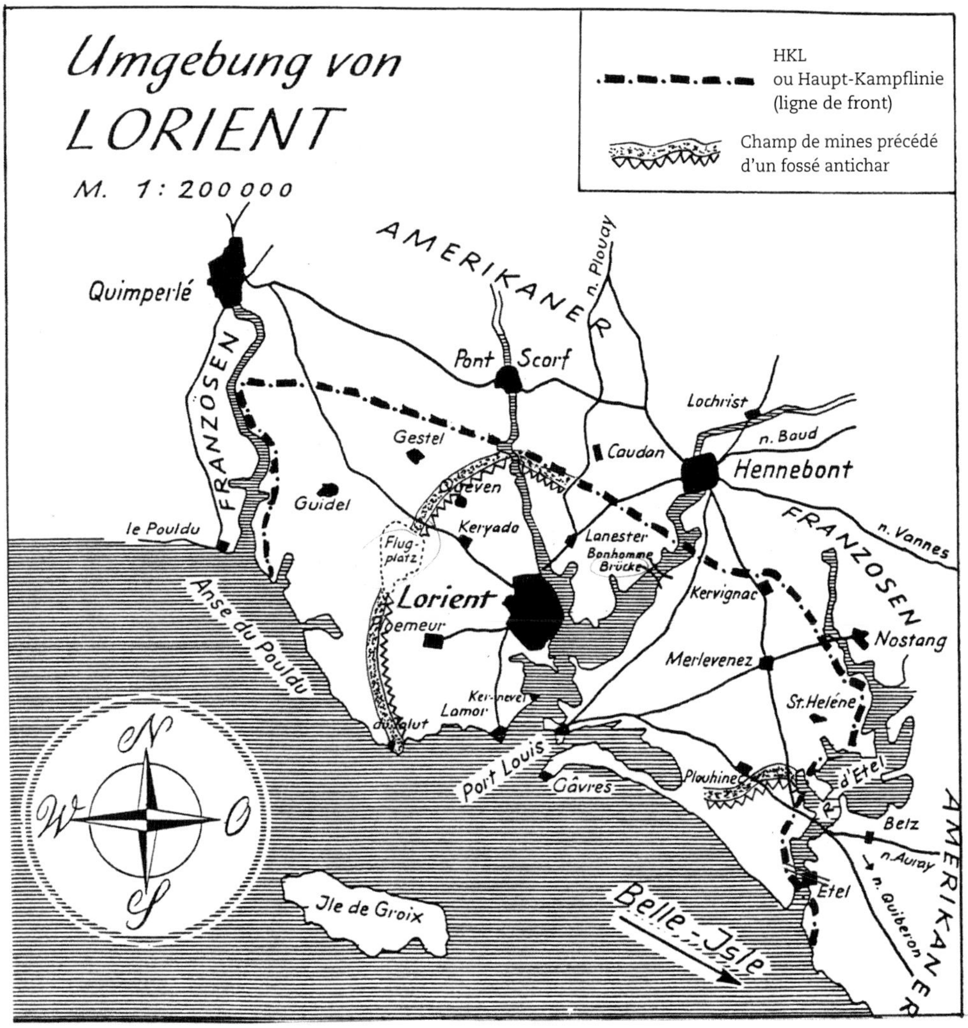

LORIENT : CARTE DE LA FESTUNG.
Cette carte extraite de l'ouvrage du général Wilhelm Fahrmabacher montre les limites du camp retranché appelé Festung, créé à la fin du mois de janvier, à la suite d'un ordre du Führer, et, bordé d'une ceinture de champs de mines et de fossés antichar. Au moment de l'arrivée des FFI et des troupes américaines, au début du mois d'août, les limites du camp d'origine étaient repoussées à l'ouest, à la Laïta et, à l'est, à la presqu'île de Quiberon, l'ensemble étant d'un seul tenant. Outre l'emplacement du pont Bonhomme enjambant le Blavet, pont que détruira rapidement l'aviation américaine, on peut voir sur le document la répartition des troupes encerclant la poche.

composée de troupes de la 265e division, unité occupant le secteur côtier, de personnels de la marine, de l'aviation, du génie, de l'Organisation Todt et d'*Osttruppen* (troupes de l'Est, essentiellement des Russes)... L'ensemble de ces soldats était placé sous le commandement du général Wilhelm Fahrmbacher et de l'amiral Walter Matthiae, un vieux marin à la retraite qui, avant guerre,

EN HAUT À GAUCHE
GROIX :
canons de 20,3 cm disposés en tourelle.

CI-DESSUS
LORIENT :
le dombunker.

CI-CONTRE
LORIENT :
Albert Speer, ministre des Armements, et Xaver Dorsch, personnage de premier plan dans l'état-major de l'Organisation Todt, sur le front Ouest.

CI-CONTRE
LORIENT :
poste directeur de tir avec télémètre blindé.

s'occupait, à Berlin, de la bibliothèque de la Marine. Comme le vice-amiral Frisius à Dunkerque, l'amiral Matthiae était placé sous l'autorité de l'amiral Krancke, qui portait le titre d'*Oberbefehlshaber des Atlantikfestungen*, autrement dit commandant suprême des forteresses de l'Atlantique. Depuis la libération de la France, son QG n'était plus à Paris, mais à Wiesbaden. Ainsi délimitée, la *Festung*, qui avait une superficie de 150 km^2, comprenait, outre les 10 000 civils enfermés dans la poche, 5 000 autres personnes sur l'île de Groix et dans la presqu'île de Quiberon.

CI-CONTRE
LORIENT :
bunker dans la ville.

La *Festung* de Saint-Nazaire

S'étendant de la Vilaine au nord jusqu'à la pointe Saint-Gildas au sud, le secteur défensif côtier de Saint-Nazaire s'étirait sur 50 km environ de littoral. Pour assurer la défense lointaine de *die Loire-Mündung* (l'embouchure de la Loire), l'occupant avait mis en place de puissantes batteries d'artillerie croisant leurs feux. Au nord, l'ouvrage principal était situé entre Le Croisic et La Baule, près du village de Kermoisan, non loin de la station de villégiature de Batz-sur-Mer (deux pièces d'origine française, datant de la fin du XIXe siècle, sur voie ferrée, d'un calibre de 24 cm) contrôlant la navigation au large, en face de l'estuaire. De l'autre côté, c'est-à-dire au sud de la Loire, sur la pointe Saint-Gildas, promontoire qui ferme la baie de Bourgneuf vers le nord, on trouvait, non loin de Préfailles, une installation presque similaire. Hormis ces deux puissantes positions, il y avait, sur le littoral, bien d'autres emplacements de batteries d'un calibre plus modeste, en particulier à la pointe de Chemoulin, dans l'ancien fort de l'Eve transformé en vrai camp retranché (quatre canons modernes de 17 cm et quatre canons de 10,5 cm), à Mindin (diverses positions d'artillerie) ou au Pointeau, sur la rive sud. A l'instar de Lorient

CI-DESSOUS
SAINT-NAZAIRE : vue de la base sous-marine.

CI-CONTRE
SAINT-NAZAIRE, VUE AÉRIENNE DU PORT (1942).
Au centre de la photo, le sas (bâtiment au toit blanc) permettant aux sous-marins de gagner le large. A droite, de l'autre côté du bassin, la base sous-marine en cours de construction.

et de Brest, Saint-Nazaire était défendue contre une attaque aérienne par une importante *Flak* (80 pièces de gros calibre réparties en une vingtaine de batteries plus une centaine de tubes d'un calibre inférieur à 7,5 cm). A vrai dire, l'*Atlantik-Stützpunkt* (le point d'appui sur la côte atlantique) de Saint-Nazaire comptait un armement nullement négligeable estimé, selon les rapports, à un total de plus de 700 bouches à feu de toutes sortes (fixes, mobiles ou DCA). Ces canons étaient particulièrement denses près de la base pour sous-marins, à proximité des installations portuaires ou autour du terrain d'aviation de Laleu. Des stations radar surveillant en permanence l'espace aérien ainsi que l'Océan étaient reliées par radio aux principales batteries. La défense rapprochée

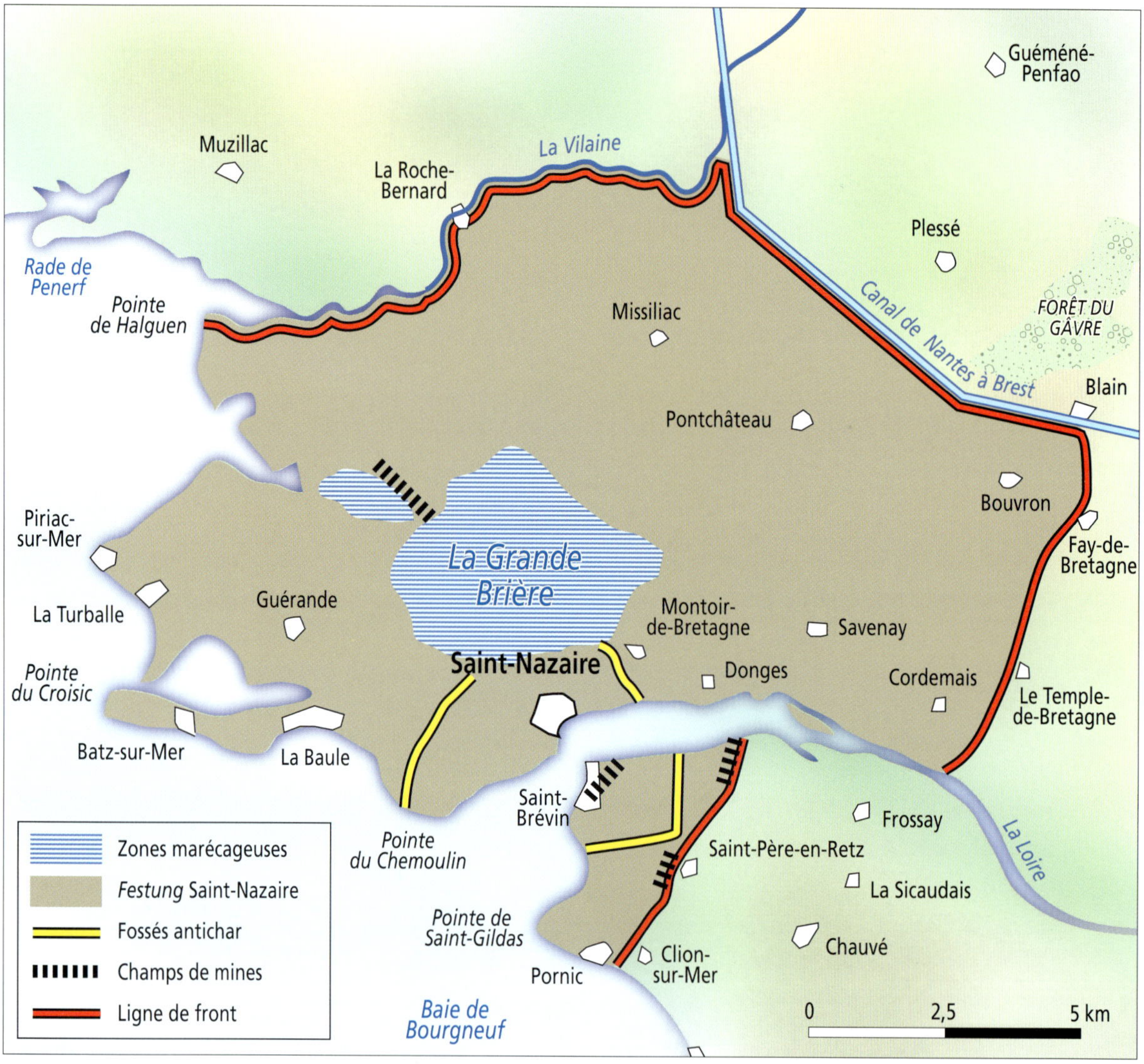

FESTUNG SAINT-NAZAIRE.

du littoral était solide et concentrée principalement aux abords de La Baule, longue plage sableuse convenant parfaitement à un débarquement de grand style. Déjà sous le feu de plusieurs batteries, la plage, couverte de centaines d'obstacles, était bordée d'un alignement de lance-flammes, de batteries de canons *Nebelwerfer*, de mortiers, de lance-grenades, de pièces antichars ou de mitrailleuses. Dans le port de Saint-Nazaire, près des bassins, sur les quais, on trouvait une incroyable accumulation de béton (casemates, abris, ateliers, magasins, centrale électrique, infirmerie...) ainsi que près de la base sous-marine. Bâtie en bordure d'un bassin de commerce non sujet aux marées dans lequel, en venant du large, on pénétrait en empruntant une écluse bétonnée, la base sous-marine comprenait quatorze box (huit cales sèches et six bassins à flot, biplaces) pouvant accueillir une vingtaine d'*U-Boote*.

Initialement, la forteresse de Saint-Nazaire était constituée d'un réduit englobant, outre le port, la ville, l'aérodrome et la proche campagne située autour. Le périmètre défensif partant du fort de l'Eve, se dirigeait vers le

CI-CONTRE
SAINT-NAZAIRE : VUE D'UN ALVÉOLE.

Comme à Dunkerque et à Lorient, après le débarquement de Normandie, la ligne de front que les Allemands désignaient sous l'abréviation HKL, ou *Hauptkampflinie*, devait être repoussée jusqu'à la Vilaine au nord pour, ensuite, suivre le tracé du canal de Nantes à Brest et, au-delà, rejoindre la Loire en longeant les bourgades de Blain, Fay, Le Temple et Pornic, au sud de l'embouchure. Entre la ceinture primitive et la HKL s'étendait un espace, dit *no man's land*, de plus d'une demi-douzaine de kilomètres de large. C'est à cette ligne de résistance, longue de plus de 100 km, que les troupes américaines se heurteront en août 1944.

La forteresse comptait plus de 30 000 soldats placés sous le commandement du général d'aviation Hans Junck. Ces hommes provenaient pour une faible partie de la 275e division d'infanterie, unité qui défendait ce secteur côtier du Morbihan jusqu'à la fin du mois de juin, date à laquelle elle avait été appelée en renfort pour boucher les trous sur le front de Normandie. Comme ailleurs, la forteresse comptait de nombreux personnels provenant de la *Kriegsmarine,*

nord, traversait Maisac, Trignac, longeait le marais de la Grande Brière, Montoir-de-Bretagne, pour rejoindre la côte à Donges. Au sud de la Loire, la ceinture de défense dessinait une courbe qui, partant de Paimbœuf, retrouvait la côte au sud de Saint-Brevin.

CI-CONTRE
SAINT-NAZAIRE : VUE DU SAS ET DE LA BASE SOUS-MARINE.

de la *Luftwaffe* (armement des batteries *Flak* et des stations radar), de l'artillerie côtière, des parachutistes et plus 7 000 soldats arrivés en catastrophe de Rennes au début du mois d'août. On trouvait également dans la *Festung* Saint-Nazaire un fort contingent de soldats italiens provenant du désarmement par l'Allemagne des 41 000 hommes de la 4e armée de Mussolini. Cette grande formation, qui montait la garde sur les côtes de Provence depuis la fin de l'année 1940, avait été désarmée à la suite de la capitulation et du changement de camp de l'Italie, en septembre 1943. A ces soldats, le commandement allemand proposait de devenir soit des *Kampfswillige* (combattants volontaires dans la *Wehrmacht*) soit des *Hilfswillige* (travailleurs volontaires dans l'Organisation Todt). On rencontrait ces deux catégories de soldats italiens dans la plupart des poches de l'Atlantique, mais en particulier sur la Loire. Il y avait aussi,

CI-CONTRE
SOUS-MARIN DE TYPE 23 DANS UN DOCK.

disséminées dans les divisions de l'armée allemande, sur le front de l'Ouest en 1944, une autre catégorie de troupes auxiliaires recrutées, cette fois, dans les pays de l'Est et que le commandement avait baptisé *Osttruppen*. Comme les autres grandes unités, la 275e division avait son lot d'*Ostbataillone* (bataillons de troupes de l'Est), mais, avant de partir pour la Normandie, elle avait pris soin de laisser sur place ces troupes de faible valeur

CI-DESSOUS
SAINT-NAZAIRE, FORT DE L'EVE : batterie d'artillerie de la Marine armée de canons de 17 cm. Travaux de camouflage sur le bunker, à droite.

CI-CONTRE
BATZ-SUR-MER : vue d'un poste directeur de tir à plusieurs niveaux. Aujourd'hui, ce bunker est devenu un musée.

CI-DESSOUS
INSIGNE DE LA BASE SOUS-MARINE.

EN BAS
BATZ-SUR-MER : le même bunker en 1945.

combative et, ajoutent les rapports, *unsichere* (peu sûres). Effectivement, au début du mois de septembre 1944, le colonel ukrainien Potiereyka, officier appartenant à la 275e division, désertait avec 300 de ses hommes. Il n'hésitait pas à traverser avec chevaux et chariots le *no man's land* séparant le camp retranché allemand de Saint-Nazaire des bandes de maquisards et à se rendre aux forces de la Résistance du secteur Sud de la poche de Saint-Nazaire. Importante, cette désertion n'était, en Bretagne, ni la première ni la dernière depuis le débarquement de Normandie.

Abritant trois ou quatre douzaines de vieux rafiots, surtout des bateaux de pêche, la base sous-marine demeurait, elle, sous le commandement de l'amiral Hans Mirow. Avec une superficie de près de 2 000 km^2, la *Festung* de Saint-Nazaire, qui englobait, au début du mois d'août, plus de 120 000 civils dispersés dans différents bourgs, dont 35 000 dans la presqu'île de Guérande, était la plus grande et la plus puissante des poches tenues par les Allemands.

La *Festung* de La Pallice-La Rochelle-Oléron-Ré

La défense lointaine de la forteresse de La Pallice avait été reportée sur Ré et Oléron, îles situées à proximité de la côte. Les deux plus puissantes installations d'artillerie se trouvaient au voisinage d'Ars-en-Ré. Il s'agissait de deux *Marinebatteriestellungen* (emplacements de batteries de marine). La première, baptisée « Kora », était armée de quatre pièces d'un calibre de 22 cm ayant une portée de 25 000 m ; la seconde, « Karola », de quatre pièces d'origine allemande d'un calibre de 20,3 cm provenant de la démolition d'un ancien navire de guerre et placées en tourelles doubles. Un poste de direction de tir, ayant l'allure d'une tour de croiseur, servait aux deux installations chargées de défendre la base sous-marine ainsi que la route maritime côtière Saint-Nazaire-Bordeaux. L'ensemble Kora-Karola constituait l'un des plus puissants points d'appui du mur de l'Atlantique. Oléron n'avait pas reçu un armement aussi important que celui de Ré, cependant ses côtes étaient protégées par une dizaine d'ouvrages d'artillerie. Ne faisant pas partie de la forteresse de La Rochelle, la partie sud de l'île était englobée dans la *Festung* de la Gironde.

Protégée des attaques venant du large par les nombreuses batteries établies sur les îles, la côte de Charente ne présentait, à part la base sous-marine de La Pallice, aucun

EN HAUT
ILE DE RÉ :
batterie Kora armée de pièces de 22 cm.

CI-CONTRE
LA ROCHELLE-LA PALLICE :
vue du port et de la base sous-marine – située en haut de la photo, au fond du bassin.

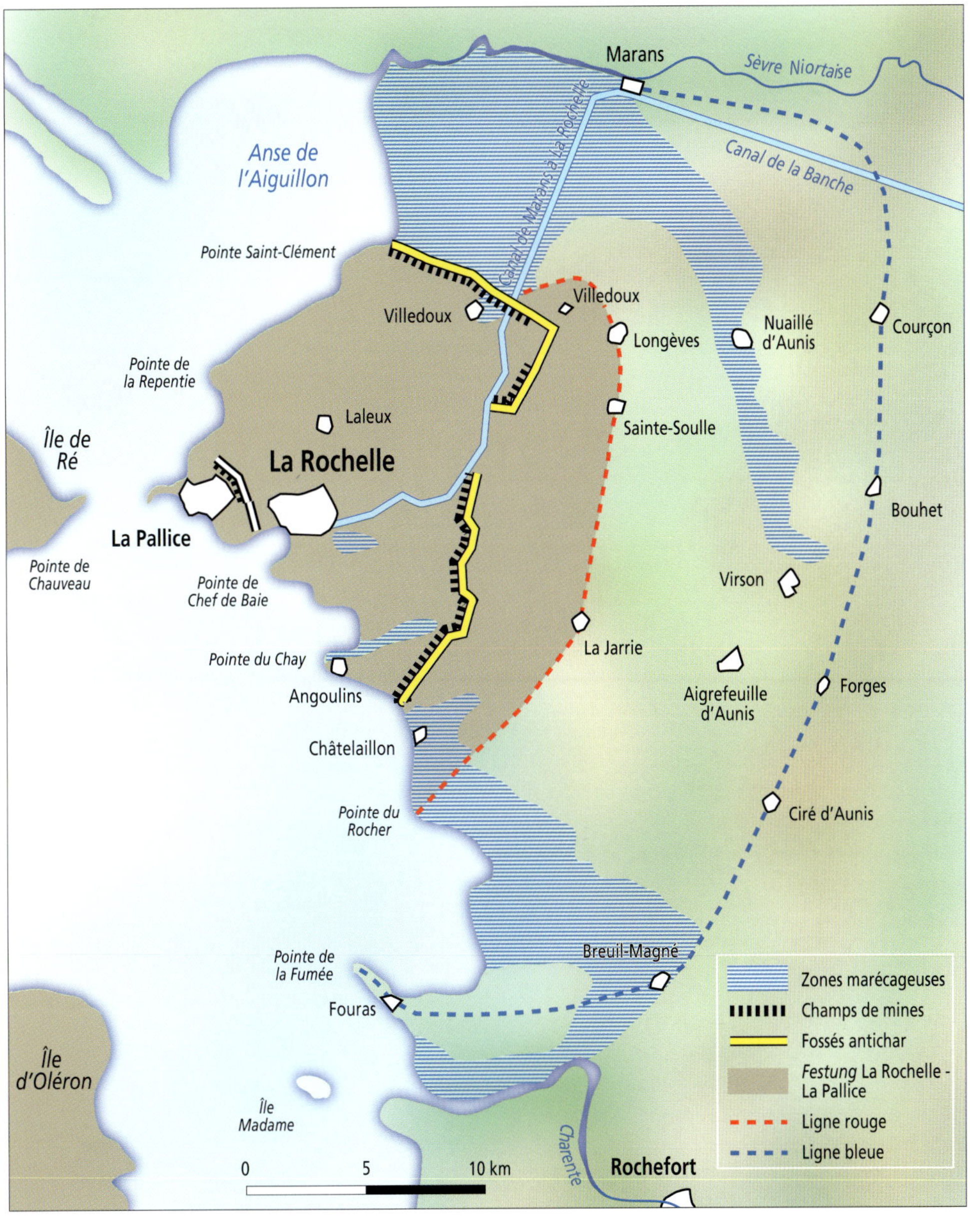

FESTUNG LA ROCHELLE-LA PALLICE.

gros ouvrage fortifié. Elle disposait en revanche d'un grand nombre de points d'appui équipés de canons antichars et d'armes automatiques. Ces nids de résistance étaient implantés sur les points forts du littoral, en bordure des vastes plages ou près du port de La Pallice. Située à l'extrémité du bassin à flot, la base sous-marine est un énorme cube de béton de forme carrée couvrant avec ses annexes une superficie de 5 ha. L'*U-Boot Basis*, à laquelle on accédait par un sas bétonné, pouvait recevoir une dizaine de sous-marins. On estimait, du côté français, que l'installation abritait, à l'automne de 1945, près d'une centaine de petites unités de surface.

CI-CONTRE
RÉ :
poste de direction de tir de la batterie Karola.

Conçu et réalisé tardivement, le dispositif défensif terrestre de la *Festung* de La Pallice-La Rochelle-Ré et Oléron mis en place à une dizaine de kilomètres de la ville était constitué d'une bande minée s'appuyant au nord et au sud sur de vastes étendues inondées, doublée d'un profond fossé antichar en arrière duquel étaient dissimulés les nids de résistance. Partant de la pointe Saint-Clément sur la côte nord, le périmètre défensif rejoignait en ligne droite Villedoux, puis se dirigeait vers le sud, en longeant le fossé naturel que constitue le canal de La Rochelle à Marans, et rejoignait la côte près du point d'appui construit autour de la batterie des Angoulins, à proximité de la pointe du Chay. Après l'évacuation de la France par la *Wehrmacht* (seconde quinzaine du mois d'août), les Allemands commençaient à aménager

CI-CONTRE
RÉ :
le même bunker, au lendemain de la guerre, encore surmonté d'un télémètre blindé.

CI-DESSUS
RÉ :
appareil radar Würzburg.

Le contre-amiral Ernst Schirlitz

Fils de pasteur comme le commandant Meyer, Ernst Schirlitz, né en Prusse en 1893, participe à la Première Guerre mondiale dans la Marine. En 1944, on le retrouve à l'état-major de l'amiral Krancke, à Paris ; puis il est nommé, à la fin du mois d'août, commandant des forces de la forteresse de La Rochelle où il passera, en octobre, une convention avec le commandant Hubert Meyer fixant une ligne à ne pas dépasser pour chacun des deux adversaires. Après la reddition, il sera interné dans un camp de prisonniers pour officiers.

une seconde ligne de défense, 8 km en avant de la première, constituée d'un fossé antichar, de champs de mines et de nids de résistance. Cette seconde ligne en demi-cercle et d'une longueur de 30 km, partait de l'anse de l'Aiguillon, au nord, pour aboutir en face de l'île d'Aix, au sud, en passant par Virson et Aigrefeuille. Un fossé antichar était également creusé en arrière de la base sous-marine.

On estime que le camp retranché de La Rochelle-La Pallice *mit den Inseln Ré und Oléron* (avec les îles) comptait environ 200 pièces d'artillerie fixes ou mobiles de campagne d'un calibre supérieur à 7,5 cm plus une bonne centaine de canons fixes affectés à la défense du littoral et presque autant de canons servant à la défense aérienne. Comme les *Festungen* précédentes, La Pallice disposait d'un terrain d'aviation pour l'atterrissage d'avions provenant du Reich ainsi que d'un plan d'eau pour recevoir les hydravions. D'une superficie de plus de 500 km^2, le camp retranché de La Pallice était placé sous le commandement du contre-amiral Ernst Schirlitz, un officier exigeant, rude mais humain. Tout en portant le titre d'amiral commandant de l'ensemble des forces maritimes situées au sud de la Loire (QG La Rochelle), Schirlitz demeurait sous l'autorité de l'amiral Krancke. Au début de l'année 1945, le camp retranché allemand de La Pallice comptait 15 000 rationnaires environ.

EN BAS À GAUCHE
ILE DE RÉ :
batterie d'artillerie côtière de la Marine située à La Couarde (4 x 15 cm), dite « batterie Hertha ».

EN BAS À DROITE
LA PALLICE :
renforcement de la dalle de couverture de la base sous-marine contre les bombardements aériens par un entrecroisement de poutres en béton.

Les *Festungen* de Royan et de la pointe de Grave

Die Festungen Girondemündung Nord und Süd (les forteresses Nord et Sud de la Gironde) sont le seul exemple, sur le littoral français, d'une poche qui ne soit pas d'un seul tenant. Ce camp retranché s'étendait du sud de l'île d'Oléron jusqu'à la hauteur de Montalivet-les-Bains en passant par la presqu'île d'Arvert et Royan, soit une superficie totale de 700 km² (500 pour la presqu'île d'Arvert et Royan et 200 pour la pointe de Grave). La défense lointaine de la poche était assurée par deux batteries lourdes placées au nord et au sud de la forteresse. La première installation, située dans la forêt de la Coubre, comprenait deux pièces d'un calibre de 24 cm placées sur un support en béton. La seconde, édifiée à proximité du fort du Verdon, comprenait également deux canons d'un calibre de 28 cm disposés sur des plates-formes tournantes, elles-mêmes reposant sur voie ferrée. Entre ces deux monstrueuses positions d'artillerie ayant chacune une portée de 30 000 m étaient disséminées le long du littoral, entre la pointe d'Arvert et la pointe de Suzac, plusieurs batteries d'un calibre plus modeste implantées près du phare de la Coubre, à la Grande Côte, au phare de Terre-Nègre... Il en était de même sur la pointe de Grave, où l'ennemi avait édifié plusieurs batteries presque accolées les unes aux autres (sur la pointe, au phare de Claire, aux Huttes). Sur un espace de quelques dizaines de kilomètres carrés, on comptait ainsi vingt-cinq pièces d'artillerie guidées par la grande station radar de Saint-Nicolas. Chacun de ces emplacements constituait un solide point d'appui avec obstacles sur les plages et champs de mines marines au large.

Au moment de la formation des forteresses, une ligne de défense avait été mise en place en avant du réduit de Royan comme en arrière du Verdon pour faire face à une attaque venant par voie terrestre. Dans les deux cas, elles étaient constituées de fossés antichars, de champs de mines et de solides points d'appui équipés d'armes automatiques dissimulés en arrière. Après l'évacuation du territoire français par la 1re Armée allemande, à Royan comme dans la pointe de Grave, l'occupant commençait l'aménagement d'une nouvelle ligne d'avant-postes, une dizaine de kilomètres en avant de la première. A vrai dire, la tâche était grandement facilitée pour l'ennemi par l'existence d'obstacles naturels (les marais de la Seudre et de la pointe de Grave) et par la longue façade

CI-DESSUS
VUE AÉRIENNE DE LA POINTE DE GRAVE ET DU PORT DU VERDON (SEPTEMBRE 1943).

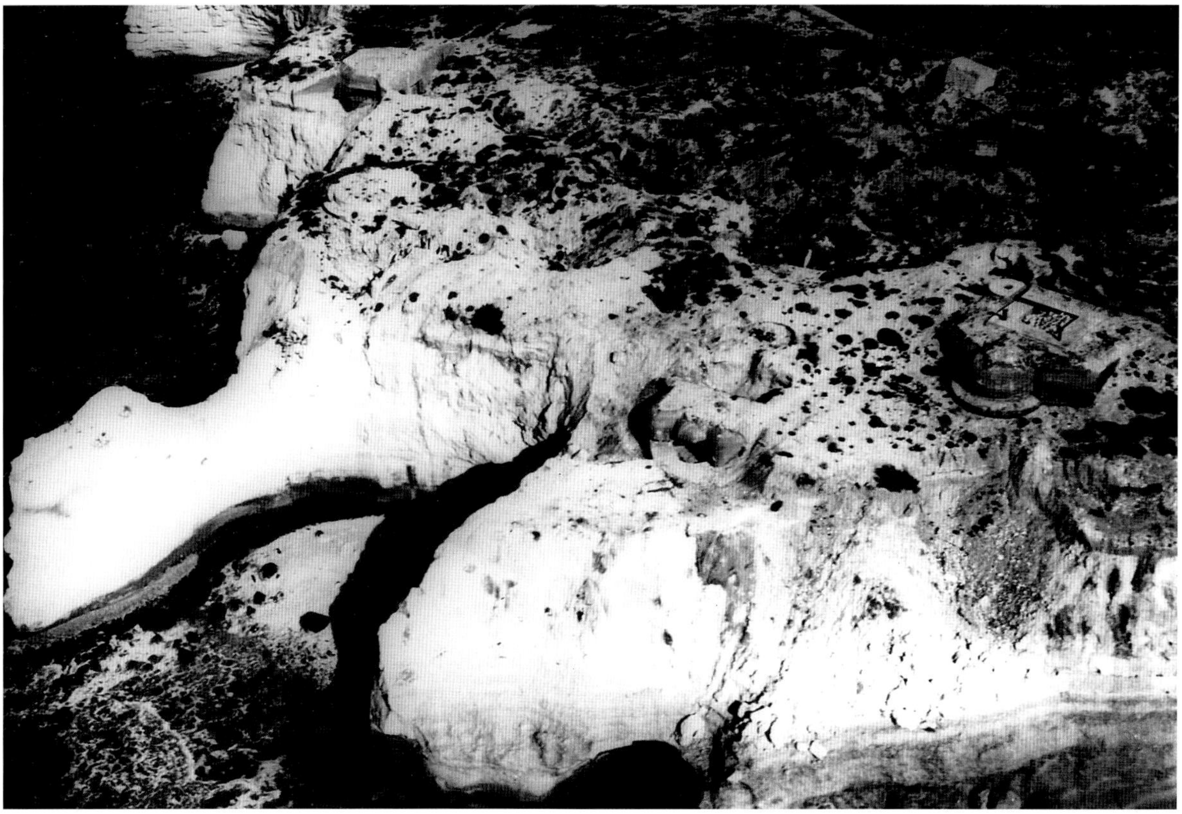

CI-DESSUS
POINTE DE SUZAC : VUE DES CASEMATES ET DU POSTE DE DIRECTION DE TIR, SITUÉ À DROITE.

atlantique. En réalité, la ligne de défense à aménager ne dépassait pas 20 km pour la poche de Royan et moitié moins pour Grave.

Avec une puissante artillerie (300 canons) et une solide défense antiaérienne, le dernier front de l'Atlantique placé sous le commandement de l'amiral Michahelles constituait un redoutable bastion. La garnison, qui comptait 10 000 hommes, était constituée de marins, d'aviateurs ou de soldats de l'armée (bataillons russes provenant de la 708e division d'infanterie, dont le gros des troupes avait été envoyé sur le front normand).

CI-CONTRE
POINTE DE GRAVE :
alignement de soutes à munitions au Verdon (1946).

LES FORCES D'ENCERCLEMENT DES POCHES

Face aux Allemands réfugiés, depuis le début du mois d'août, dans les grands ports de l'Atlantique – transformés en *Festungen* depuis janvier 1944 – et dans le port de Dunkerque, depuis le début du mois de septembre, se déployaient, à côté des forces alliées, de nombreuses unités de combattants issues de la Résistance.

GI's et maquisards bretons face à Lorient et Saint-Nazaire

Après que les troupes de la Ire Armée américaine commandée par Bradley eurent percé, le 25 juillet (opération Cobra), les lignes allemandes du côté de Saint-Lô, dans le Cotentin, les divisions de la IIIe Armée (général Patton), massées en arrière, s'enfonçaient à toute allure dans les brèches créées, traversaient Avranches et pénétraient en Bretagne.

Forces américaines en Bretagne

Tandis que la *6th Armored Division* (6e division blindée), dite « Super Sixth », atteignait Brest, le 7 août, et tentait, en vain, d'en neutraliser les défenses, la *4th Armored Division*, commandée par l'impétueux général Wood, se heurtait, de son côté, aux avant-postes des forteresses de Lorient et de

PAGE DE GAUCHE
JEUNES VOLONTAIRES FFI.

Saint-Nazaire ainsi qu'aux tirs fournis d'une puissante artillerie. Après diverses tentatives pour pratiquer une brèche dans la ceinture défensive établie en avant du port, la 4e division blindée estimant qu'elle n'était pas conçue et qu'elle n'avait pas le matériel pour mener une guerre de siège obtint l'autorisation de quitter la Bretagne et de rejoindre la IIIe Armée qui se trouvait, pour ses éléments les plus avancés, à 200 voire 300 km plus au nord. Le haut commandement allié n'ayant pas encore abandonné le projet de s'emparer des ports bretons, ce fut donc une autre formation blindée, celle qui montait la garde devant Brest, qui remplaça la division du général Wood à partir de la mi-août. Cette unité devait rester devant les forteresses bretonnes de Lorient et de Saint-Nazaire jusqu'à la mi-septembre, date à laquelle elle fut relevée par la 94e division d'infanterie commandée par le général Harry J. Malony.

L'arrivée de cette unité d'infanterie signifiait qu'il n'était plus question pour Eisenhower de conquérir les ports bretons tenus par les Allemands, désormais beaucoup trop éloignés du front de combat situé, à cette date, sur la frontière du Reich, mais seulement d'y contenir l'ennemi, sauf à Brest où les combats approchaient de la fin. On passait ainsi, sur la côte atlantique, comme d'ailleurs à Dunkerque, sur la côte de la mer du Nord, d'une stratégie offensive à une stratégie défensive, c'est-à-dire à une guerre de positions. Lors de son déploiement sur la côte sud de la Bretagne face à « *the Lorient and Saint-Nazaire pockets* », la 94e division trouva le terrain déjà occupé par des bandes de maquisards bretons médiocrement organisés, pauvrement armés, mais dotés d'un grand patriotisme et de beaucoup d'héroïsme.

CI-DESSUS
INSIGNE DE LA 94e DIVISION D'INFANTERIE AMÉRICAINE COMMANDÉE PAR LE GÉNÉRAL MALONY.

EN HAUT
FFI EN FORMATION DANS UNE CASERNE EN BRETAGNE.

Organisation des forces de la Résistance

Le 8 août 1944, le commandement de l'armée française, encore situé à Alger comme le GPRF, donnait l'ordre au général Borgnis-Desbordes, un officier qui s'était battu en Afrique du Nord, de prendre contact avec les chefs FFI de Bretagne, alors en pleine action offensive aux côtés des Américains. Le but de la rencontre était d'obtenir un regroupement de toutes les unités combattantes de la Résistance dans la péninsule afin de constituer quelques grandes formations plus structurées, mieux encadrées et plus efficaces. Après la libération de Paris, le général de Gaulle, chef du GPRF, inquiet de l'existence de multiples bandes armées incontrôlées sur le territoire national et soucieux de rétablir l'ordre républicain, faisait paraître, le 28 août, un décret ordonnant la dissolution de toutes les unités FFI constituées pour les combats clandestins et offrait aux volontaires désireux de poursuivre les combats jusqu'à la victoire de prendre un engagement dans les unités régulières de la nouvelle armée française. Il ajoutait que les compétences exercées dans la Résistance par les commandants des FFI étaient désormais du ressort des généraux commandant les Régions militaires. La suppression des FFI devait provoquer parmi les patriotes une certaine confusion, ranimer certaines querelles entre FFI à majorité gaulliste et francs-tireurs partisans d'obédience communiste, et créer certaines déceptions devant la volonté affichée par la nouvelle armée française de ne pas reconnaître les grades FFI. Entre la parution du décret et son application sur le terrain, il devait s'écouler bien des semaines.

CI-CONTRE
INSIGNE DE LA 19e DIVISION COMMANDÉE PAR LE GÉNÉRAL BORGNIS-DESBORDES.

Naissance des 19e et 25e divisions

C'est au début d'octobre, par exemple, que le général Borgnis, à Lorient, et le général Chomel, à Saint-Nazaire, procédèrent à la signature des engagements individuels des ex-FFI-FTP. A Lorient comme ailleurs, un certain nombre de patriotes devaient refuser de servir dans les nouvelles formations appelées à être commandées par des officiers qui, selon eux, étaient, pour nombre d'entre eux, restés « planqués » durant la guerre. Devenus maintenant des soldats de l'armée française, les engagés volontaires, après avoir subi une instruction militaire sommaire de plusieurs semaines dans les casernes de Bretagne, en novembre ou en décembre, étaient répartis dans des bataillons qui, à leur tour, étaient réunis en régiments. Par exemple, les 12 000 anciens maquisards bretons, étroitement soudés par leur engagement dans la Résistance, étaient regroupés dans la 19e division, grande unité mise sur pied par le général Borgnis-Desbordes, et redistribués en trois régiments d'infanterie : le 41e, dit

400 000 maquisards

En août 1944, le gouvernement estimait le nombre des FFI à 400 000. Un mois plus tard, le Gouvernement provisoire décidait d'une part que ceux désirant rester sous les armes devraient contracter un engagement dans l'armée régulière et invitait d'autre part les gendarmes (nombreux parmi les maquisards), les cheminots, les postiers, les mineurs à rejoindre leur activité. La création de soixante compagnies de sécurité en absorbait, de son côté, quelques dizaines de milliers. Environ 40 000 étaient versés dans la Marine et l'aviation, le reste (300 000 hommes) était réparti dans la 1re armée qui se battait aux côtés des Alliés et dans la création de sept nouvelles divisions, dont deux se battront en Bretagne, la 19e (général Borgnis-Desbordes) et la 25e (général Chomel), et une troisième, la 23e (général d'Anselme), en Charente.

« régiment de Rennes », le 71e régiment de Saint-Brieuc et le 118e régiment de Quimper. L'ancienne 12e compagnie du capitaine Constant Junin constituée de 350 maquisards FFI et FTP (dont Louison Bobet) recrutés dans le sud du département d'Ille-et-Vilaine – unité qui avait fourni de précieux renseignements à Londres sur la grande station radar de la Luftwaffe de Monterfil-les-Epinais – constituait maintenant la 3e compagnie du 1er bataillon du 41e régiment. Dans la poche de Saint-Nazaire, la 25e division (16 500 hommes) rassemblait, outre l'ancienne brigade « Charles Martel » (27e et 32e RI, 8e régiment de cuirassiers...), des bataillons FFI de la Sarthe, de la Vendée, de Loire-Inférieure, d'Indre-et-Loire et de la Vienne (maquisards de la forêt de Scévolles qu'on retrouvera, à la fin de l'année 1944, devant La Sicaudais, intégrés dans le 125e RI). Commandée par le colonel Chomel, la division qui, à l'instar de la 19e, comptait trois régiments d'infanterie : 19e, 32e et 125e – lequel sera rebaptisé, en mars 1945, 21e RI –, sera ensuite renforcée par de l'artillerie (pièces allemandes récupérées dans la poche de Falaise) et par des unités de cavalerie (hussards et dragons). Le 14 janvier 1945, c'est la 25e division qui rendra les honneurs au général de Gaulle lors de sa visite à Nantes.

Pour coordonner l'action des uns et des autres, le 2 octobre, une réunion eut lieu, à Châteaubriant où était installé le PC du général Malony, entre les autorités américaines et françaises afin de clarifier la situation et d'obtenir un effort plus cohérent. Dans tous les cas, « *the French remained under the overall command of the American forces* » (les Français demeuraient [sur le plan opérationnel] sous le commandement des forces américaines).

Arrivée de la 66e division d'infanterie US

Au 1er janvier 1945, la 94e division US, que les maquisards appelaient « la neuf-quatre » transformé en « neuf *cats* » par les soldats américains, recevait l'ordre de rejoindre un secteur du front sur la *Siegfried Linie*. Elle était remplacée par la 66e division d'infanterie commandée par le général Herman Frederick Kramer. Les hommes de cette unité, dont l'insigne était une tête de panthère dans un cercle, animal symbolisant les qualités du bon fantassin (hardiesse, agilité, bravoure), portaient le surnom de *Panthermen*. Arrivée en Grande-Bretagne à la fin du mois de novembre 1944, cette formation embarquait, le 24 décembre, sur deux navires de transport, dont le *Léopoldville*, pour être débarquée dans le port de Cherbourg et, de là, gagner le front. Malheureusement, dans la soirée, alors que le convoi se trouvait au large de Cherbourg, le *Léopoldville* était torpillé par un sous-marin allemand et près de 800 soldats appartenant à la division étaient portés disparus.

CI-DESSUS
GÉNÉRAUX KRAMER ET BORGNIS-DESBORDES.

Primitivement destinée à combattre sur le front des Ardennes, la division, dont les effectifs étaient fortement réduits à la suite du naufrage, recevait l'ordre de gagner Rennes, puis, de là, la côte bretonne et de relever la 94e division qui montait la garde sur le front des *pocketed Germans* (empochés) depuis la mi-août. Selon l'historique de l'unité, consultable sur Internet, à la fin de l'hiver 1944-1945 étaient rattachés à la 66e division du général Herman Kramer, formation répartie sur un front terrestre long de plus de 150 km entre la Laïta, à l'ouest de Lorient, et la baie de Bourgneuf, au sud de Saint-Nazaire, les forces françaises suivantes : onze régiments d'infanterie, plusieurs bataillons de marche, un régiment et un bataillon de fusiliers marins, deux bataillons d'Afrique (de retour du front allemand), plusieurs groupes de cavalerie, d'artillerie et de DCA, soit au total, selon les statistiques américaines, plus de 30 000 hommes dont un millier d'officiers.

FFI et FTP devant La Rochelle-Royan et la pointe de Grave

Coincée entre les troupes américaines débarquées en Normandie et campant depuis la mi-août sur les rives de la Loire et celles mises à terre sur la côte de Provence, et remontant vers le nord à travers le couloir rhodanien, la 1re Armée allemande du général d'infanterie Kurt von der Chevallerie (QG Bordeaux) devait évacuer le territoire français, à partir du 17 août, en direction de l'Est. Pendant que certaines unités FFI et

CI-DESSOUS **VOLONTAIRES FFI DU MOUVEMENT « VENGEANCE »** créé à Bénodet par Maurice Capron (arrêté par la Gestapo et mort en déportation le 3 janvier 1945). Sur cette photo, une partie des FFI (Forces Françaises de l'Intérieur) de la 7e Compagnie, dans le cercle au deuxième rang à droite, Georges de La Sablière qui, avec certains de ses compagnons, a rejoint le 19e Dragons pour participer à la libération de la base sous-marine de Lorient.

Le drame du *Léopoldville* (24 décembre 1944)

La plus belle épave en Manche

Ancien paquebot appartenant à une compagnie maritime belge et reconverti en navire de transport de troupes, le *Léopoldville*, bâtiment construit en 1929, jaugeant 11 000 tonnes, avait l'habitude avec ses 240 hommes d'équipage d'effectuer la traversée entre les ports de la côte sud de la Grande-Bretagne et le continent. A la fin de l'année 1944, ce vieux rafiot à bout de souffle et sale avait déjà effectué vingt-quatre fois la traversée et transporté sur le continent plus de 120 000 hommes sans aucun souci particulier. Le 24 décembre 1944, il embarquait dans le port de Southampton 2 235 hommes de troupe appartenant aux 262e et 264e régiments d'infanterie de la 66e division d'infanterie américaine. Accompagné du vapeur *Cheshire*, un bâtiment de transport de troupes tout à fait semblable au Léopoldville, escorté par plusieurs destroyers dont le *Brilliant* et par la frégate *Croix de Lorraine* des FFNL, le convoi comptant une douzaine de navires mettait le cap sur Cherbourg par un temps tout à fait de saison en Manche.

Dans le début de l'après-midi, un destroyer signalait à différentes reprises avoir reçu l'écho d'un sous-marin sur l'Asdic. Pour parer à une attaque, le convoi se mettait à zigzaguer ; mais vers 18 h, alors que les navires étaient à un peu plus de 5 milles (soit une bonne dizaine de kilomètres) de Cherbourg dont on apercevait les lumières, une torpille atteignit le *Léopoldville* en son milieu déclenchant une terrible explosion. Malgré la nuit noire, une mer démontée et un temps glacial, le *Brilliant* s'approchait du navire

CI-DESSOUS
LE PAQUEBOT LÉOPOLDVILLE AU TEMPS OÙ IL EFFECTUAIT DES CROISIÈRES.

torpillé, mettait à la mer des canots de sauvetage et laissait pendre des filets le long de sa coque, permettant aux soldats de passer d'un navire à l'autre alors que le *Léopoldville* dérivait dangereusement vers un champ de mines. Après avoir recueilli près de 1 400 soldats, le HMS Brilliant abandonnait le *Léopoldville* le temps de décharger sa cargaison sur les quais de Cherbourg et de revenir. Hélas, à son retour, le *Léopoldville* avait coulé avec son capitaine belge, Charles Limbor, debout sur la passerelle, et reposait sur le sable par 60 m de fond avec à bord 515 soldats, auxquels il faut ajouter 248 autres hommes morts de leurs blessures à la suite de l'explosion ou encore des hommes repêchés après avoir sauté en mer et morts d'hypothermie.
Cette terrible catastrophe fut cachée aux familles et ce sont les articles parus peu après dans la presse allemande de l'époque qui contraignirent les autorités américaines à reconnaître le naufrage du *Léopoldville* sans autre explication. Hormis le mauvais temps, la nuit, le froid, l'insuffisance des canots de sauvetage accaparés par les membres d'équipage, le manque de ceintures de sauvetage, une combinaison de négligences et de sérieux problèmes de communication radio sont à l'origine de la mort de plus de 800 hommes. L'impossibilité pour le commandant britannique du *Brilliant*, responsable du convoi, d'alerter la garnison de Cherbourg, faute de connaître la fréquence radio utilisée par l'armée américaine, est sans doute la cause principale du drame avec, il est vrai, l'absence totale de couverture aérienne du convoi. Sur les 800 disparus, 493 ne seront jamais retrouvés. Les autres ont d'abord été inhumés au cimetière de Sainte-Mère-Eglise puis, plus tard, ramenés dans le cimetière de Colleville-sur-Mer ou sur le territoire des Etats-Unis. Quant au sous-marin allemand responsable de la tragédie, l'U-486 commandé par l'Obl. Gerhard Meyer, il sera coulé par la Royal Navy le 12 avril 1945. C'est seulement en 1996, soit plus de cinquante ans après le drame, que les archives britanniques relatives au naufrage ont été ouvertes au public.

De Gaulle et les forteresses de l'Atlantique

« Pendant que la 1re Armée progressait aux côtés de nos alliés, d'autres forces françaises exécutaient sur la côte atlantique des opérations autonomes. Il s'agissait d'en finir avec les enclaves où l'ennemi s'était retranché. Depuis des mois, je le souhaitais. A présent, j'en avais hâte, les jours de guerre étant comptés. L'esprit de facilité pouvait, sans doute, nous conseiller de rester passifs sur ce front ; car les fruits y tomberaient tout seuls dès que le Reich aurait capitulé. Mais à la guerre, la pratique du moindre effort risque de coûter cher. Là comme partout, il fallait frapper. Les coups que nous infligerions aux Allemands sur ce théâtre auraient leur répercussion sur la situation générale… De toute façon, je n'admettais pas que des unités allemandes puissent, jusqu'à la fin, rester intactes sur le sol français et nous narguer derrière leurs remparts. »
Mémoires de guerre, tome III, *Le salut 1944-1946*, Plon, Paris, p. 168.

De Gaulle à Saintes (septembre 1944)

« [...] Je passai en revue, à Saintes, plusieurs milliers d'hommes mal pourvus mais pleins d'ardeur... Je réunis ensuite autour de moi les officiers de toutes origines, la plupart arborant des grades improvisés, mais tout fiers, à juste titre, d'être là volontairement et vibrants de voir au milieu d'eux de Gaulle qui, sous des dehors d'une sérénité voulue, ne se sentait pas moins ému. »
Mémoires de guerre, tome III, *Le salut 1944-1946*, Plon, Paris, p. 25.

FTP harcelaient cette formation au cours de son repli, d'autres combattants de l'armée clandestine de la Résistance se dirigeaient vers les ports de la côte atlantique avec l'intention de déloger les troupes ennemies qui y avaient trouvé refuge. En dépit de leur élan et de leur bravoure, les combattants clandestins ne tardaient pas à se heurter, sur les arrières des grands ports, aux positions défensives solidement renforcées, depuis la chute de Cherbourg (27 juin 1944) et, faute de pouvoir dénicher les défenseurs, commençaient le siège des *Festungen* (forteresses) qu'on allait connaître dans la presse française sous le nom de « poches de l'Atlantique ».

Après Bordeaux, le général de Gaulle se rendait à Saintes, le 18 septembre 1944, pour rencontrer les principaux responsables des unités militaires issues de la Résistance et engagées dans la libération du pays, dont le colonel Adeline.

Lors de sa visite, le Général faisait connaître son intention de voir réduites les poches tenues par les Allemands sur notre littoral par des actions offensives, insistait sur le fait qu'on ne devait pas se contenter de garder des prisonniers, en d'autres termes, de rester inactifs. La France avait besoin d'une victoire et devait contribuer avec ses propres forces à la libération de son territoire. Deux semaines après sa visite à Saintes, le chef du Gouvernement provisoire nommait le colonel Adeline, ancien responsable des FFI de Dordogne, commandant des opérations dans les secteurs de La Rochelle-Royan et la pointe de Grave. Le 14 octobre, il créait le commandement des forces françaises de l'Ouest qui deviendra, plus tard, le détachement de l'armée d'Atlantique et nommait à sa tête le général de Larminat, alors sur le front en Allemagne avec la 1re armée de De Lattre. Gaulliste de la première heure, ayant participé avec les FFL à la guerre en Afrique, en Syrie et en Tunisie, de Larminat, commandant unique des forces du front de l'Atlantique (QG Cognac), avait pour mission de mener la guerre contre les forteresses de l'Atlantique. Sur le plan hiérarchique, les forces françaises de l'Atlantique, considérées comme faisant partie du corps expéditionnaire allié, étaient rattachées au commandement de la VIe Armée US du général Jacob Devers.

CI-CONTRE
LE GÉNÉRAL CHOMEL ET LE COLONEL ADELINE.

CI-DESSUS
GÉNÉRAL DE LARMINAT.

Le général de Larminat

Né en 1895, Edgar de Larminat est admis à Saint-Cyr en 1914 et termine la Première Guerre mondiale comme capitaine. Il sert ensuite dans l'infanterie coloniale en Afrique. En 1940, on le retrouve au Liban où, refusant la défaite, il décide de rallier le général de Gaulle. Après avoir assuré, un temps, la fonction de gouverneur de l'Afrique française libre, il participe ensuite aux campagnes de Syrie et de Tunisie et, à l'été de 1944, au débarquement de Provence avec la 1re Armée du général de Lattre. En octobre de la même année, il est nommé commandant des forces françaises de l'Atlantique. Voici le portrait que trace de lui le général de Gaulle dans ses *Mémoires de guerre* (tome III) : « Depuis le 14 octobre où je l'avais appelé au commandement des Forces de l'Ouest, il s'était voué à organiser et équiper la foule militaire ardente mais confuse et dépourvue dont il devait faire une armée. Il y avait réussi... Sachant ce qu'il voulait et le voulant bien, rompu au métier mais plein d'idées et de sentiment, chef autoritaire mais humain et généreux, subordonné incommode mais inébranlablement fidèle, il s'était fait de toutes sortes de pièces et de morceaux, trois divisions, des réserves, une artillerie, une aviation et des services aptes à livrer bataille et qui allaient le prouver. »

Avec énergie et détermination, de Larminat assisté du général d'Anselme organisait, structurait et instruisait les dizaines de milliers de combattants venus des FFI ou des FTP et désireux de participer à la libération du pays. Ainsi étaient mis sur pied bataillons et régiments. De leur côté, le colonel Adeline et le commandant de marine Hubert Meyer obtenaient, au cours de pourparlers avec les Allemands, que ceux-ci reconnaissent que les hommes portant un brassard sur la manche soient traités comme des combattants ordinaires et qu'en cas de capture ils soient traités comme des prisonniers et non comme des terroristes devant être fusillés. Pour clarifier l'organigramme du commandement, de Larminat nommait un commandant par secteur : le colonel Chêne, ancien chef de maquis de la Vienne, pour le secteur de La Rochelle, le général Adeline pour la poche de Royan et le colonel de Milleret, ancien responsable de la brigade Carnot, maintenant convertie en bataillon, pour la pointe de Grave.

Les forces de la Résistance devant Dunkerque

Lorient et Saint-Nazaire étaient assiégées, dès le début du mois d'août, par les forces de la Résistance et les troupes américaines ; un peu plus tard, vers la fin du même mois, c'était au tour de La Rochelle-Royan-Pointe de Grave. Située 600 km plus au nord, la *Festung* de Dunkerque n'était encerclée qu'au commencement du mois de septembre, à la suite du repli de la 15e Armée allemande en direction de l'embouchure de l'Escaut. Demeurée sur place, conformément à la directive de Hitler datée du 4 septembre, la garnison de Dunkerque, renforcée par l'arrivée de diverses troupes en retraite, devait immédiatement faire face aux unités de maquisards ainsi qu'aux troupes de l'armée

CI-CONTRE
COUDEKERQUE-BRANCHE : photo aérienne prise à basse altitude (échelle 1/8 000) par l'*US Air Force*, le 24 décembre 1944, montrant une partie de la commune de Coudekerque-Branche. Traversant la photo du sud vers le nord, on reconnaît le canal de Coudekerque franchi, en haut, par la voie ferrée Dunkerque-Leffrinckoucke doublée d'une route départementale et, en bas, au niveau du pont de Steendam, par le canal des Moëres. Outre des traces de bombardements aériens en haut, à droite, on aperçoit sur la rive gauche du canal, au centre de la photo, une longue tranchée ainsi que des zones inondées de part et d'autre de la voie d'eau notamment les basses terres situées au nord du fort Castelnau.

CI-DESSUS
TROUPES CANADIENNES À BERGUES, AU SUD DE DUNKERQUE.

canadienne qui venaient de s'emparer de Gravelines, Bourbourg, Loon-Plage (7-8 septembre) et, quelques jours plus tard, de Bray-Dunes. En revanche, les soldats de la 2e division d'infanterie canadienne du général Foulques étaient tenus en échec devant Coudekerque, un avant-poste du camp retranché de Dunkerque. Considérant que la capture de la forteresse risquait d'immobiliser d'importantes forces à l'instar de ce qui se passait à Brest ou au Havre et qu'on aurait à la fois perdu du temps et des hommes pour ne récupérer, en fin de compte, que des installations portuaires en ruine, Montgomery demandait au général Crerar, chef des forces canadiennes, de renoncer à s'emparer de la forteresse. Déchargée de cette mission, l'armée canadienne se remettait en route en direction d'Anvers. Des unités britanniques remplaçaient provisoirement les Canadiens jusqu'à l'arrivée, au début du mois d'octobre, de la 1re Brigade tchèque commandée par le général Aloïs Liska. Les Tchèques trouvaient sur place diverses unités de la Résistance placées sous le commandement du colonel Lehagre, lui-même étant sous l'autorité du général Deligne, commandant la Ire Région militaire.

LES COMBATS CONTRE LES FORTERESSES

Sur les six poches existantes, à la fin de l'été de 1944, trois (Dunkerque, Lorient, Saint-Nazaire) ont été assiégées et libérées par les forces alliées avec l'aide de nombreuses unités d'infanterie française rattachées soit à l'armée américaine soit à l'armée britannique. Situées plus au sud, sur la côte atlantique, les trois autres places fortes tenues par les Allemands ont été investies et conquises par les seules forces françaises du Sud-Ouest placées sous le commandement du général Adeline, lui-même subordonné au général de Larminat.

PAGE DE GAUCHE
SOLDATS FRANÇAIS DANS ROYAN DÉTRUITE.

Le général Adeline

Né en 1898, Henri Adeline entre à Saint-Cyr, puis participe comme aspirant à la Première Guerre mondiale. En juin 1940, alors qu'il commande un bataillon en Alsace, il refuse de se rendre et passe en zone libre. Après l'entrée des troupes allemandes en France du Sud, il prend contact avec l'Organisation de résistance de l'armée (ORA) et prend le commandement, en avril 1943, des maquis de Dordogne (environ 2 500 volontaires). Avec ses combattants, il se lance à la poursuite des troupes allemandes de la 1re Armée, puis libère Bordeaux. Début septembre, il prend le commandement des FFI du Sud-Ouest assiégeant les forteresses de La Rochelle, de Royan et de la pointe de Grave. Le 22 octobre, il passe sous le commandement du général de Larminat et mène à bien sa mission sur le front de Royan. Il est promu général en mai 1945 et fait Compagnon de la Libération.

Entre la fin de l'été de 1944 et le début du mois de mai 1945, mis à part le bombardement de la forteresse de Royan en janvier 1945, suivi trois mois plus tard de la capture de la ville en ruine, on peut dire qu'ailleurs, pendant les huit mois de face-à-face, sorte de répétition de la « drôle de guerre » de 1940, il n'y a eu aucune offensive d'envergure. Des deux côtés, on a mené une stratégie défensive, on s'observait, on s'épiait, on se canardait durement et ce n'était qu'à de rares exceptions, notamment en décembre, janvier et avril 1945, qu'étaient lancées des attaques plus sévères visant à rompre la ligne de front et à occasionner le maximum de dégâts à l'adversaire. Hormis la disproportion des forces en faveur des Allemands, chacun avait en mémoire chez les Alliés l'interminable et coûteuse capture par trois divisions américaines de la *Festung* de Brest (siège qui dura du 7 août au 18 septembre et provoqua la perte de 10 000 soldats américains). Du côté allemand, en dépit de l'importance de l'artillerie accumulée dans les forteresses, l'état d'esprit n'était plus aux fanfaronnades, depuis le repli de la *Wehrmacht* suivi du bond des armées alliées sur la frontière du Reich. A n'en pas douter, un coup mortel avait été porté au moral des chefs comme des troupes. On se contentait donc de tenir et de donner l'illusion que l'effondrement du front de l'Ouest n'était qu'apparent. Bref, évitant tout engagement d'importance, de chaque côté, on devait mener une guerre de positions avec patrouilles et embuscades, affrontements locaux et contre-attaques limitées, sans oublier en arrière-fond les interminables et dangereux duels d'artillerie à longue portée. Cette situation devait prendre fin avec la capitulation du Reich, en mai 1945.

Sept mois de siège à Dunkerque

Les troupes canadiennes, les premières arrivées devant la forteresse de Dunkerque, au début du mois de septembre, avaient été rapidement relevées par des troupes britanniques, elles-mêmes remplacées, quelques semaines plus tard, par la 1re Brigade blindée tchèque. Equipée de chars Cromwell, comptant un peu plus de 4 000 hommes, commandée par le général Aloïs Liska (PC au château Maës, sur la commune de Wormhout), la brigade reçut la mission de contenir les 13 000 soldats allemands enfermés dans la *Festung*. Pour assumer cette tâche, le général Liska bénéficiait du concours de plusieurs bataillons FFI (bataillons « Jean Bart » et « Dunkerque ») récemment intégrés dans l'armée française et constituant le 110e RI, dit « régiment de Dunkerque », qui deviendra, en janvier 1945, le 51e RI. Placée sous le commandement du colonel Lehagre

CI-DESSOUS
DUNKERQUE : L'HÔTEL DE VILLE AVEC SON BEFFROI (1946).

CI-DESSUS
DUNKERQUE : RUINES DE L'ÉGLISE SAINT-ELOI.

(PC Wormhout), cette formation devait se renforcer avec l'arrivée de nouveaux bataillons venus de Beauvais ou d'Arras et dépasser les 4 500 volontaires. Comme tous les bataillons constitués de volontaires issus de FFI, ces soldats présentaient un armement insuffisant et disparate (fusils Lebel, Mauser, de chasse, américains, anglais ou...

Le vice-amiral Frisius

Au début du mois de septembre 1944, le vice-amiral Friedrich Frisius, ancien chef de la base navale de Boulogne, était nommé *Festungskommandant* (commandant de la forteresse) de Dunkerque. Profondément religieux, lisant la Bible, citant des versets de psaumes, Frisius était un chef autoritaire, distant et ne tolérant aucune faiblesse. Soumettant lui-même sa vie à une stricte discipline, le vice-amiral est l'auteur d'un *Tagebuch* (Journal) dans lequel il raconte, jour par jour, les événements qui se sont déroulés dans la forteresse lorsqu'il en était le commandant. Ce journal de bord est un document précieux et exceptionnel pour l'historien. Grâce aux notes personnelles, aux observations, aux réflexions contenues dans cet ouvrage, il est possible d'avoir une idée très précise de ce qu'était la vie quotidienne dans ce camp retranché tenu d'une main de fer.

CI-CONTRE
DUNKERQUE :
épaves dans le chenal.

pris à l'ennemi) et un équipement rudimentaire. En revanche, ces guérilleros n'étaient nullement démunis de bravoure, de patriotisme, de fougue et de vaillance. Les bataillons prenaient en charge deux secteurs sur la ligne de front : à l'ouest (celui de Mardyck) et à l'est (Malo). Au centre était disposée l'infanterie tchèque.

Raids et coups de main

Les combats sur une grande échelle étant exclus, c'étaient les patrouilles de jour ou de nuit qui, de chaque côté, rythmaient la vie quotidienne. Destinées à maintenir le moral des troupes, ces incursions avaient aussi pour but de harceler l'ennemi, de ramener des prisonniers, de rapporter du matériel et des renseignements sur les emplacements des batteries adverses. Comme dans les autres forteresses, *der Artilleriekämpfe* (les combats d'artillerie) étaient incessants et meurtriers. Le 28 octobre, les troupes alliées lançaient dans le secteur d'Uxem, dans la partie orientale de la *Festung*, une puissante attaque et pénétraient profondément à l'intérieur des lignes ennemies sans rencontrer une résistance opiniâtre, faisant prisonnier un bataillon tout entier. L'annonce de cette nouvelle, à laquelle s'ajoutait le fait qu'aucun prisonnier allié n'avait été capturé, provoquait la colère de Frisius qui n'hésitait pas, dans son Journal, à qualifier ses soldats de « ratés ne sachant pas se battre ». En décembre, à Dunkerque, les troupes franco-tchèques étaient à leur tour l'objet d'attaques répétées au moment du lancement par le maréchal von Rundstedt de la grande offensive dans les Ardennes contre l'armée américaine. Cependant, c'est le 10 avril 1945 qu'eut lieu le raid le plus sévère. Baptisé « opération Blücher »

CI-DESSOUS
DUNKERQUE :
échouage d'une mine magnétique sur la plage.

CI-DESSUS
LEFFRINCKOUCKE : POSTE DE DIRECTION DE TIR.

CI-CONTRE
DUNKERQUE : local jadis occupé par le groupe de sécurité du port.

CI-CONTRE
UXEM : abri-infirmerie.

et lancé dans le secteur du pont de Spycker, sur le canal de Bourbourg, ce sérieux coup de main, mené par un détachement de combat en partie transporté sur des canots pneumatiques et fortement soutenu par l'artillerie, enfonçait les lignes françaises et se révélait très coûteux pour notre infanterie en tués et en prisonniers. Quelques jours plus tard, les troupes alliées, « *mit Panzern und Schlachtfligern* » (avec chars et avions d'assaut), dit le communiqué de l'OKW, répliquaient en lançant une contre-attaque pour tenter de reprendre le pont. Malgré l'aide des bombardiers et des Typhoons, les opérations ultérieures pour résorber le saillant créé par l'ennemi dans la ligne de front ne seront qu'un demi-succès. Au cours du même mois, le commandant du port de Dunkerque, qu'après guerre la France condamnera à mort par contumace, dynamitait toutes les installations portuaires qui avaient échappé aux bombardements de 1940, détruisant de fond en comble quais, écluses, machinerie portuaire ainsi que les Ateliers et Chantiers navals de France.

CI-CONTRE
GÉNÉRAL CHOMEL, COMMANDANT DE LA 25e DIVISION D'INFANTERIE.

CI-DESSUS
CHASSEUR-BOMBARDIER TYPHOON.

Au début du mois de mai, afin de contraindre l'inflexible Frisius à accepter une reddition, l'artillerie et l'aviation bombardaient sans relâche la forteresse. Mais ce n'est que le 8 mai, après qu'il en eut reçu l'ordre de Berlin, qu'il cédait et acceptait de recevoir les deux parlementaires alliés (un officier tchèque et un officier britannique) et de s'engager à signer sa reddition, le lendemain, au PC du général Liska. Au total, les Alliés avaient perdu, sur le front de *Dünkirchen,* comme disent les Allemands, environ 800 hommes dont un peu moins de 300 tués (170 Britanniques et 120 Français).

CI-CONTRE
DUNKERQUE : destruction du port et des bassins.

Les combats dans les poches de Lorient et Saint-Nazaire

Lors de leur arrivée à Brest, à Lorient et à Saint-Nazaire, au début du mois d'août, les troupes américaines trouvaient déjà en place d'importantes forces, plusieurs dizaines de milliers d'hommes issus de la Résistance, *ready to drive the Germans in the pockets* (prêts à conduire les Allemands dans les poches). Pendant la semaine où elle fut présente devant Lorient, la 4e division blindée US du général Wood, se montra agressive, tentant de forcer la ligne d'avant-postes ennemis, ce qui entraîna de violentes ripostes de l'artillerie allemande. Finalement, mécontente d'être réduite à assurer une mission de *containement* (d'endiguement) sans en avoir les moyens, la 4e division était relevée, à la mi-août, par une autre division blindée venant de Brest. A la mi-septembre arrivait sur le front de Lorient une nouvelle unité, la 94e division d'infanterie, pour remplacer, après un mois de combats, la formation blindée. Deux semaines plus tard, la 94e division se voyait chargée, en plus du siège de Lorient, de la défense du secteur de Saint-Nazaire assurée jusqu'alors par la 83e division d'infanterie US. Cette nouvelle tâche contraignait l'unité à partager ses forces en deux tout en continuant de privilégier la défense de la forteresse de Lorient. En octobre, pour assurer la défense de la ligne de front à la place

CI-DESSOUS
LORIENT : grenadiers en embuscade.

CI-CONTRE
QUIBERON-PLOUHARNEL :
canon à longue portée de 34 cm sur son aire circulaire bétonnée à ciel ouvert.

des maquisards qui n'avaient pas voulu signer d'engagement dans l'armée régulière, les Américains faisaient appel aux *Free French Forces* présentes sur le front de l'Ouest et placées sous le commandement de De Larminat depuis le milieu du mois. Ainsi, prenaient progressivement place dans le secteur de Lorient la 19e division du général Borgnis (PC Vannes) et dans celui de Saint-Nazaire, la 25e du général Raymond Chomel (PC Nantes) ainsi qu'un escadron du 8e régiment de cuirassiers et le groupement mobile du capitaine Besnier constitué de véhicules blindés anciens remis au goût du jour et de blindés allemands récupérés dans la poche de Falaise.

Lorient

A Lorient où étaient enfermés 25 000 Allemands, une dizaine de bataillons FFI prenaient en charge, de conserve avec les Américains, la défense du pourtour de la forteresse. Les forces françaises étaient réparties en quatre secteurs dénommés Ouest (de la côte à la Laïta), Nord (de la

CI-DESSUS
QUIBERON-PLOUHARNEL :
poste de direction de tir.

CI-DESSUS
QUIBERON-PLOUHARNEL :
évacuation des civils.

CI-CONTRE
DIE WEHRMACHTBERICHTE,
ou recueil des communiqués radio émis par l'OKW.

Laïta à Hennebont), Centre (d'Hennebont à Etel) et Est (de la ria d'Etel à Carnac). A Saint-Nazaire où étaient enfermés 35 000 ennemis et où la défense était moins solide qu'à Lorient, quatre bataillons français, soit plus de 4 000 hommes – dont l'ancienne brigade « Charles Martel » –, se voyaient chargés de la défense du sud de l'embouchure de la Loire, secteur où les Allemands avaient implanté trois batteries lourdes. On trouvait également des troupes françaises sur toute la longueur du demi-cercle dessinant le pourtour de la poche, en particulier entre le cours de la Vilaine et Blain. Selon le général américain Harry Malony, commandant la 94e division, à la fin du mois de décembre, on comptait, sur le front des deux forteresses, 28 826 soldats français répartis en vingt et un bataillons à Saint-Nazaire et treize à Lorient, dont un bataillon du 41e RI dans lequel figurait Louison Bobet – qui assurait la fonction de chargeur de mortier. N'étant constitué que d'engagés volontaires, ce bataillon, après un séjour dans une caserne de Rennes, avait suivi une instruction militaire, en novembre 1944, au camp de Coëtquidan, avant de gagner le front à la fin du mois.

Sainte-Hélène sur les ondes de radio Berlin

Sur la ligne de front des deux forteresses, au contact de l'adversaire, les accrochages étaient fréquents et les tirs d'artillerie quotidiens. Sans entrer dans les détails de ces multiples attaques et contre-attaques, on peut constater qu'à Lorient les combats les plus importants ont eu lieu le long de la Laïta et dans le secteur oriental de la poche, de part et d'autre de la rivière d'Etel. A la fin du mois d'octobre, une force allemande, de la taille d'un bataillon, lançait une offensive en direction de Nostang et, bousculant les unités FFI, réussissait à s'emparer du village de Sainte-Hélène, situé sur la rive droite de la ria d'Etel. La réoccupation de Sainte-Hélène, succès pourtant limité, sera montée en épingle par radio Berlin et montrée au peuple allemand comme une grande victoire. Voici ce que pouvaient entendre les Allemands à l'écoute des *Wehrmachtberichte* (communiqués radio de l'armée), le 1er novembre 1944, à midi tapant : « *Die Bezatzungen der Festung Lorient* (les forces d'occupation de la forteresse de Lorient [...] ont fait face à un assaut ennemi et, au moyen d'une vigoureuse contre-attaque, repoussé la ligne de front [...]) *bis über die Stadt Sainte-Hélène hinaus nach Norden und Osten* [jusqu'au-delà de la ville de Sainte-Hélène, en direction du nord et de l'est]. » Le bulletin ajoute que la garnison allemande a fait de nombreux prisonniers et s'est emparée d'un important butin, mais il ne dit pas qu'en raison de lourdes pertes la petite force allemande a dû renoncer à s'emparer du village de Nostang. Quelques jours plus tard, le 4 novembre, l'aviation alliée détruisait le pont Lorois, unique passage enjambant le bras de mer que constitue la ria d'Etel. Avec

CI-CONTRE **QUIBERON-PLOUHARNEL :** civils fuyant la forteresse allemande.

la destruction de ce pont, les Allemands de Lorient ne disposaient plus de liaison terrestre avec la garnison de la presqu'île de Quiberon et c'est avec des canots pneumatiques que, le 7 mai 1945, les Allemands de Lorient traverseront la ria pour négocier l'acte de capitulation avec les forces alliées.

La ria d'Etel, frontière de la poche

Au cours du même mois, la *Flak der Festung Lorient* (les canons antiaériens de la forteresse de Lorient) parvenait à couler deux bateaux de guerre américains patrouillant en bordure de la côte. Cette mission de surveillance avait été demandée par l'état-major du 12e Groupe d'armées, qui avait été averti par ses services de renseignements de l'imminence d'une opération de débarquement, sur les côtes bretonnes, d'une force de 30 000 hommes provenant des îles anglo-normandes. Mais « *no landing force never came* », écrit Randolph Bradham dans son ouvrage consacré aux forteresses de l'Atlantique. En novembre également, une petite force FFI tentait, en vain, un débarquement sur Houat et Hoëdic, îlots situés au large du golfe du Morbihan. En début décembre, dans le but d'isoler la forteresse de Quiberon de celle de Lorient, un groupe d'assaut de la 94e division d'infanterie US chassait les Allemands des bourgs d'Erdeven, d'Etel et de Belz situés sur la rive gauche de la ria. Jusqu'à la reddition de mai 1945, la rivière d'Etel devait constituer la frontière orientale de la poche. A la mi-décembre, une petite troupe

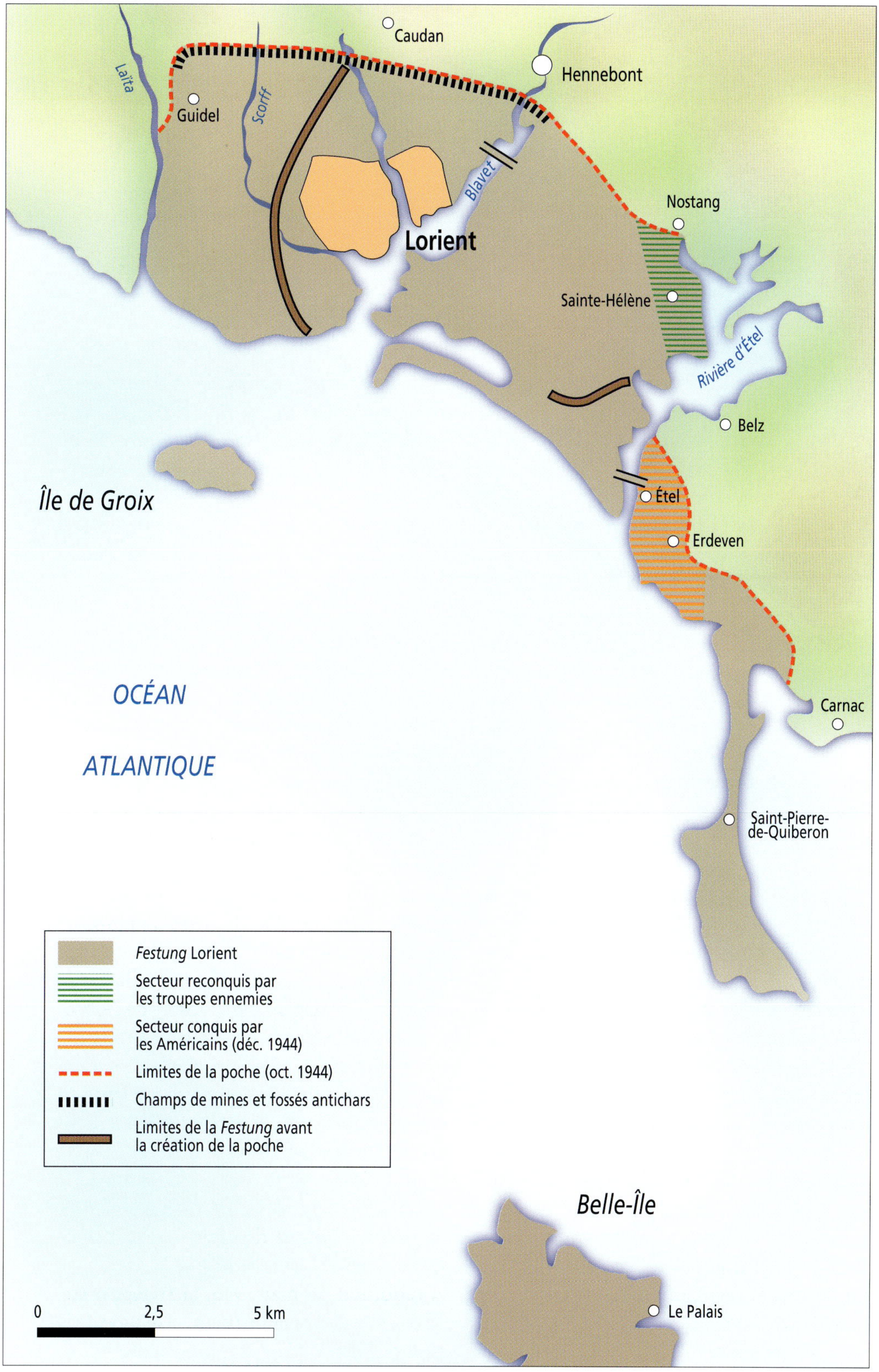

FORTERESSE DE LORIENT : LES MODIFICATIONS TERRITORIALES APRÈS LES COMBATS

CI-CONTRE
BATZ-SUR-MER : poste de direction de tir de la batterie de marine sur voie ferrée située au hameau de Kermoisan.

allemande, après avoir débarqué entre Belle-Ile et Saint-Nazaire, s'emparait d'un avant-poste, utilisé pour surveiller le trafic maritime allemand entre les deux forteresses, et de ses gardiens français. Peu après, à la suite du déclenchement de l'offensive des Ardennes, les mesures de sécurité étaient fortement renforcées du côté allié autour de Lorient et de Saint-Nazaire par crainte de largages de parachutistes sur les arrières des troupes ou encore d'une tentative de sortie simultanée des troupes allemandes enfermées dans les poches. Du côté américain, on supposait en effet que le commandement allemand tenterait de créer une opération de diversion sur l'Atlantique. En réalité, les garnisons ennemies se contentaient de multiplier incursions, accrochages et embuscades souvent meurtrières. En avril, dans le secteur de Lorient, afin de faire plier le commandement ennemi et de l'amener à la reddition, « *the French units were very aggressive against the Germans* » (les unités françaises se montrèrent très agressives contre les Allemands). Ensemble, Américains et Français devaient multiplier patrouilles, guet-apens, tirs d'artillerie, et détruire, les uns après les autres, les postes d'observation ennemis les plus gênants, comme le clocher de l'église du village de Guidel.

Saint-Nazaire

Dans la liste des communiqués diffusés par le haut commandement allemand, c'est l'« *Atlantik-Stützpunkt von Saint-Nazaire* » (point d'appui de Saint-Nazaire sur l'Atlantique) qui, de loin, est le plus fréquemment cité.

Durs combats en pays de Retz

Après les multiples raids lancés, en septembre et en octobre, contre les troupes FFI, de l'autre côté de la Vilaine, les Allemands effectuaient, au début du mois de novembre, un nouveau coup de main, dans le secteur oriental de la forteresse. Le communiqué de l'OKW souligne que les forces de la *Wehrmacht* « *stiesen bis zu 30 km östlich der Stadt in das von amerikanischen Truppen Gebiet* » (pénétraient de 30 km à l'est de la ville, dans le secteur des troupes américaines). Hormis un petit débarquement effectué en décembre, à la pointe de Pen-Lan, les opérations les plus importantes menées par le commandement allemand étaient concentrées au-delà de l'embouchure de la Loire, en pays de Retz, où s'étendaient de vastes terres fertiles pouvant servir au ravitaillement de la garnison de la *Festung*. Aussi, « *die Bezatzungen von Saint-Nazaire...* » (les forces d'occupation), après avoir pris le village de Frossay en

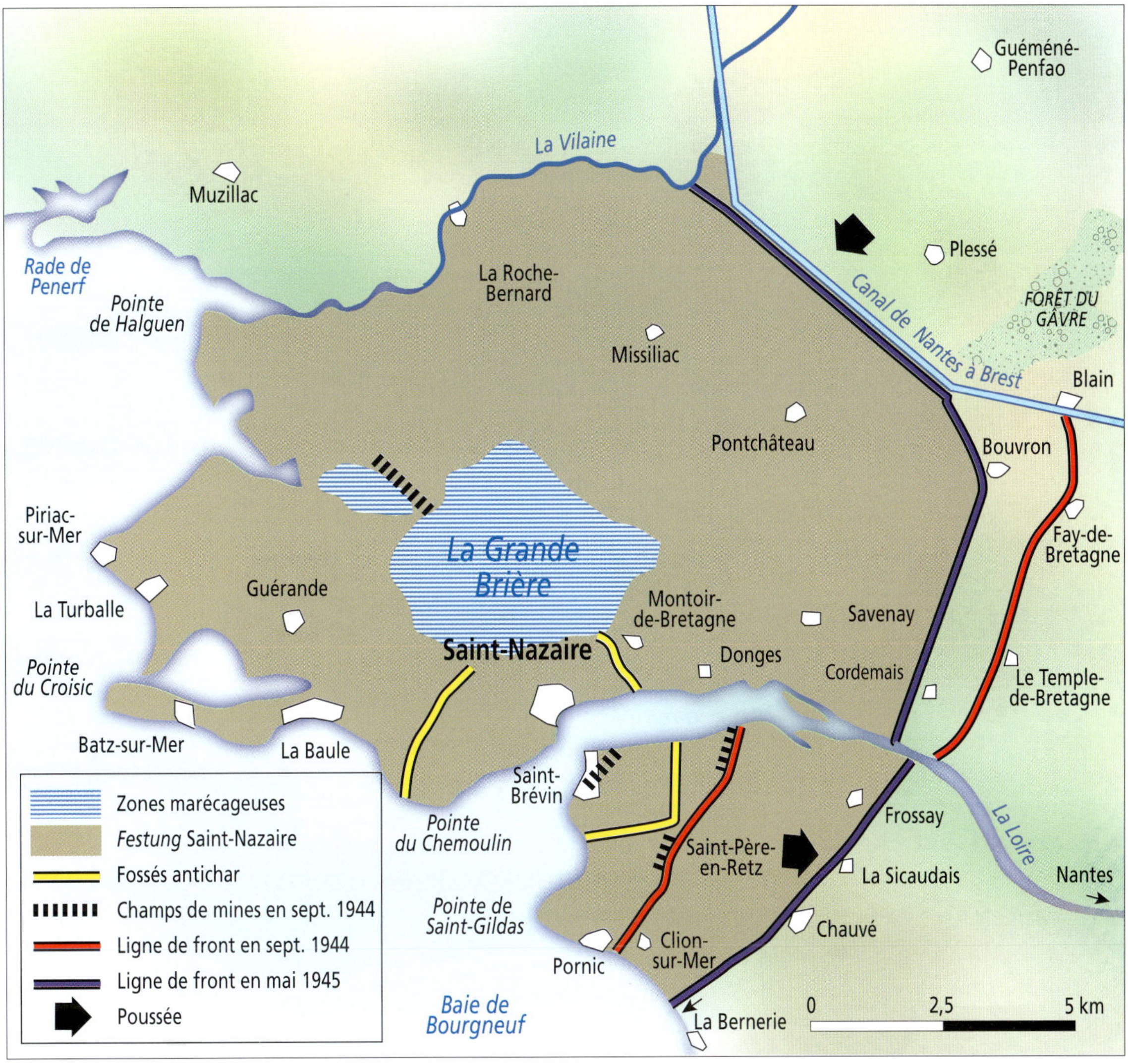

SAINT-NAZAIRE : CARTE DES OPÉRATIONS MILITAIRES QUI SE SONT DÉROULÉES DANS LA *FESTUNG* (1945).

octobre, s'emparaient-elles, en fin décembre, à la suite de violents combats, du petit bourg de La Sicaudais. Grâce à leur supériorité numérique et au soutien de canonnières de la *Kriegsmarine* sorties de la base de Saint-Nazaire, les Allemands, poursuivant leur pénétration, repoussaient la ligne de front, bousculaient les hommes du 2e bataillon FFI de la Vienne encore bien dépourvus de pièces d'artillerie et les contraignaient à céder une bande de près de 100 km². Le tracé du front était stabilisé grâce

CI-CONTRE
BANDE DE BRAS PORTÉE PAR LES MARINS DE SAINT-NAZAIRE.

à l'intervention du 8e régiment de cuirassiers « *one of the most outstanding units among the French forces in the pocket of St. Nazaire...* » (une des unités les plus remarquables parmi les forces françaises dans la poche de Saint-Nazaire). Ce fier régiment devait représenter les troupes françaises lors de la cérémonie de la reddition de Saint-Nazaire, écrit Randolph Bradham. De leur côté, les Américains délogeaient l'ennemi de la forêt du Gâve, le forçaient à repasser sur l'autre rive du canal de Nantes à Brest et s'emparaient du bourg de Blain.

CI-DESSUS
GRENADIERS EN ATTENTE DU PASSAGE D'UNE PATROUILLE ALLIÉE.

Les patrouilles

A la fin de l'année 1944, la 94e division US était remplacée par la 66e commandée par le général Herman Kramer, lequel, on s'en souvient, avait, au cours de la nuit de Noël, perdu 800 hommes dans le naufrage du *Léopoldville,* au large de la presqu'île du Cotentin. Pour fêter, à leur manière, l'arrivée en provenance de Cherbourg, *via* Rennes, de la nouvelle division sur le front de Bretagne, les Allemands faisaient tonner tous leurs canons, au cours de la nuit du 31 décembre et arrosaient les positions alliées. A son tour, la 66e division organisait, chaque nuit ou le matin avant le lever du jour, des patrouilles de reconnaissance. Par des températures sibériennes, sur un sol gelé ou enneigé, à travers des paysages sinistres, décharnés, aux arbres écimés ou dépourvus de branches en raison des explosions répétées – environnement qui n'était pas sans évoquer Verdun –, les hommes marchaient prudemment. Plus importantes, les patrouilles de combat (vingt à trente hommes) visaient à capturer des prisonniers, à s'emparer de matériel ou à détruire des postes d'observation, tout en se méfiant des champs de mines ou des canons de 88 mm terriblement précis. En dépit de ces multiples incursions, d'un côté comme de l'autre, le tracé de la HKL, ou ligne de front, demeurait dans l'ensemble à peu près stable.

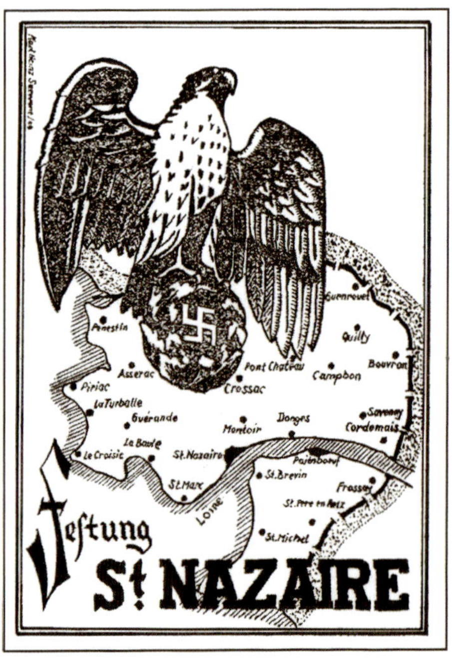

CI-CONTRE
CARTE ALLEMANDE DE LA FORTERESSE DE SAINT-NAZAIRE FAISANT PARTIE DES COLLECTIONS DU MUSÉE DE LA POCHE (BATZ-SUR-MER).

Le marquis de La Fayette

En février, grâce à ses agents secrets vivant à l'intérieur de la forteresse de Saint-Nazaire, la Résistance avertissait le commandement de l'imminence d'une attaque allemande, le long du canal de Nantes à Brest. Ce précieux renseignement permettait à l'artillerie américaine de préparer un comité d'accueil. C'est au cours de ce mois, raconte dans son excellent livre le cardiologue américain Randolph Bradham, alors sergent dans une compagnie de la 66e division, que Jean Bureaux de Pusy du Motier, marquis de

CI-DESSUS
GÉNÉRAL JUNCK, COMMANDANT LA FORTERESSE DE SAINT-NAZAIRE.

La Fayette, trouva la mort en sautant sur une mine. Le gentilhomme, qui avait alors le grade de lieutenant au 8e régiment de cuirassiers (régiment créé en 1665, sous Louis XIV, et recréé par le général Raymond Chomel en août 1944) était, en effet, « *a direct descendant of the General Marquis de La Fayette of American Revolution fame* » (un descendant direct du général marquis de La Fayette, dont la célébrité remonte à la révolution américaine).

Au cours du mois de mars, l'artillerie américaine parvenait à couler plusieurs cargos faisant la navette entre les deux forteresses et, ainsi, à poser des problèmes de ravitaillement aux Allemands. C'était, fait remarquer Bradham, une juste revanche pour la tragédie vécue par les soldats de la 66e division, victimes d'un *U-Boot* au large de Cherbourg. Selon le *Combat Record of the 66th Division*, fin mars, il y avait sur la côte bretonne 56 000 soldats se répartissant ainsi : 18 000 Français face à Saint-Nazaire, 20 500 devant Lorient et 18 000 Américains partagés entre les deux poches. Les troupes françaises bénéficiaient des rations américaines ainsi que du carburant, mais ni des véhicules ni des munitions, faute d'une compatibilité des calibres.

Avril 1945, les accrochages se multiplient

En avril, l'ennemi redoublait d'activité et d'agressivité harcelant sans cesse les positions alliées avec sa puissante artillerie. A Lorient, les Allemands lançaient plusieurs raids, dont celui du 9 avril dans le secteur où était cantonnée notre 12e compagnie ainsi que dans les secteurs du 118e RI et du 19e régiment de dragons.

A Saint-Nazaire, le 19 avril, trois patrouilles de combat mixtes franco-américaines, renforcées, écrit Bradham, par « *five tanks, two assault guns* » (cinq tanks, deux canons d'assaut) et utilisant des munitions au phosphore pour déloger l'ennemi dissimulé dans les bunkers, tentaient de repousser l'adversaire. Si une patrouille parvint à remplir sa mission, les deux autres, en revanche, furent contraintes de se replier sous les tirs répétés de l'artillerie. Cet affrontement sans pitié fut évoqué par radio Berlin, dans son bulletin du 23 avril : « *Die Besatzungen des Atlantik-Stützpunktes Saint-Nazaire wies wiederholte Angriffe der Amerikaner [...] Mehere Panzer, Maschinengewehre und Gefangene wurden eingebracht* » (les forces d'occupation du point d'appui de Saint-Nazaire ont repoussé les attaques des Américains [...] Plusieurs

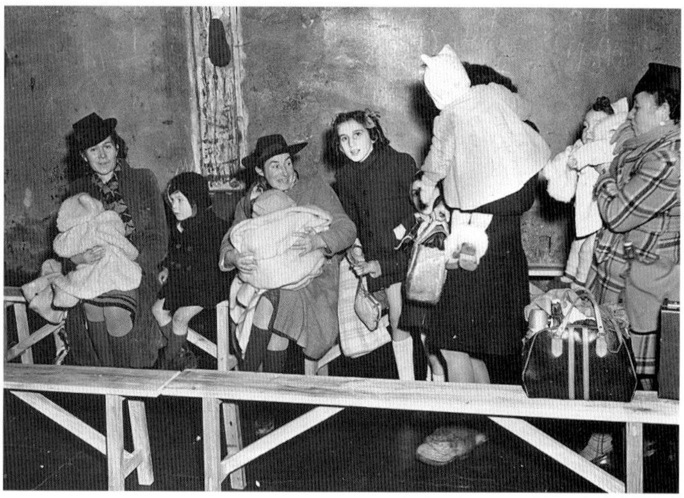

CI-DESSUS
NANTES :
accueil des personnes évacuées de Saint-Nazaire.

EN HAUT
CORDEMAIS :
réparation de la voie ferrée en vue d'accueillir un train de civils fuyant la poche.

CI-CONTRE
CORDEMAIS :
officier américain en conversation avec un officier allemand lors d'une trêve.

chars, mitrailleuses et prisonniers ont été ramenés). Notons toutefois que ce que l'OKW désigne sous l'expression « *Angriffe der Amerikaner* » (attaques américaines) était en réalité des attaques menées par des patrouilles mixtes franco-américaines ; ensuite, que les Américains, dans leur compte-rendu, disent n'avoir perdu que deux chars, trois tués et plus d'une vingtaine de blessés. Le rapport américain ajoute que « [...] *the enemy lost 33 men, killed or wounded* » (l'ennemi perdit 33 hommes, tués ou blessés)... non mentionnés dans le bulletin d'information.

Avec les événements survenant dans le Reich (rencontre de Torgau entre Soviétiques et Américains, bataille de Berlin, suicide du Führer), les désertions se multipliaient, surtout parmi les soldats polonais et russes qui, en raison de l'avance des troupes soviétiques, n'avaient plus à craindre de représailles sur leur famille. Embarrassés par les tirs des grosses pièces d'artillerie lourde ennemies disposées sur voie ferrée dans le secteur de Pontchâteau et par les canons de gros calibre de la batterie de Plouharnel, dans la presqu'île de Quiberon, les Américains parvenaient à neutraliser les deux installations. Dans ce but, ils avaient réparti sur le pourtour de la poche quatorze batteries, soit près d'une soixantaine de canons dont le tir était réglé par de puissants radars ainsi que par observation aérienne. Début mai, l'ennemi ne montrant aucun signe d'une reddition proche, le commandement américain prépara une offensive d'envergure (opération Eclipse) qui devait être menée par deux régiments accompagnés de blindés. La demande de reddition mit un terme au projet.

La Rochelle, un cas à part

Dans l'histoire des poches de l'Atlantique, celle relative à La Rochelle est unique. Il y a bien « une originalité rochelaise », comme l'écrit Christiane Gachignard dans son ouvrage d'histoire paru en 1987. C'est en effet la seule poche à avoir conservé une population nombreuse, à avoir été épargnée par les combats, à être sortie sans dommages de la tourmente, à avoir négocié avec l'occupant une sorte de *modus vivendi* et, enfin, à n'avoir été libérée que par des troupes françaises.

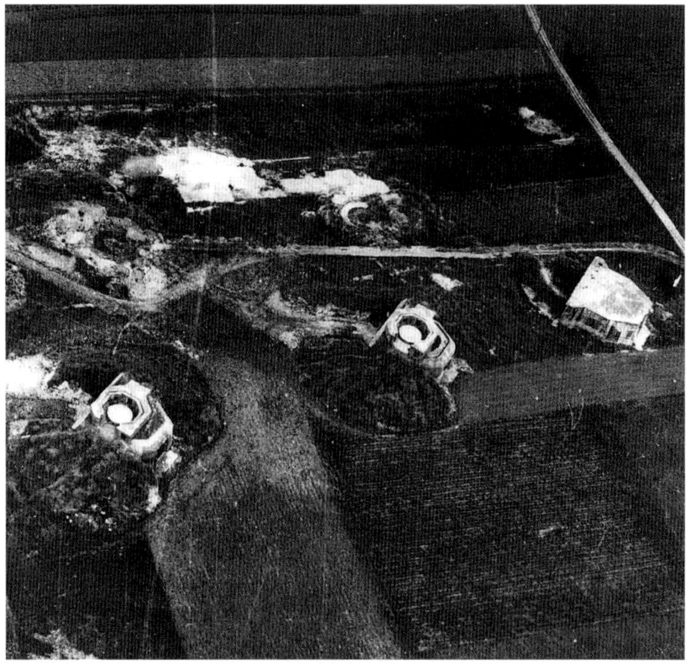

Meyer et Schirlitz

Au cours de la seconde quinzaine du mois d'août, arrivaient à La Rochelle deux personnalités qui allaient jouer un rôle considérable dans le destin immédiat de la ville. Du côté allemand, il s'agissait du contre-amiral Ernst Schirlitz et de l'autre du commandant

CI-DESSUS
SOUMARD :
vue aérienne de la batterie d'artillerie de l'armée allemande.

CI-CONTRE
IMPACTS D'OBUS SUR UNE CLOCHE BLINDÉE.

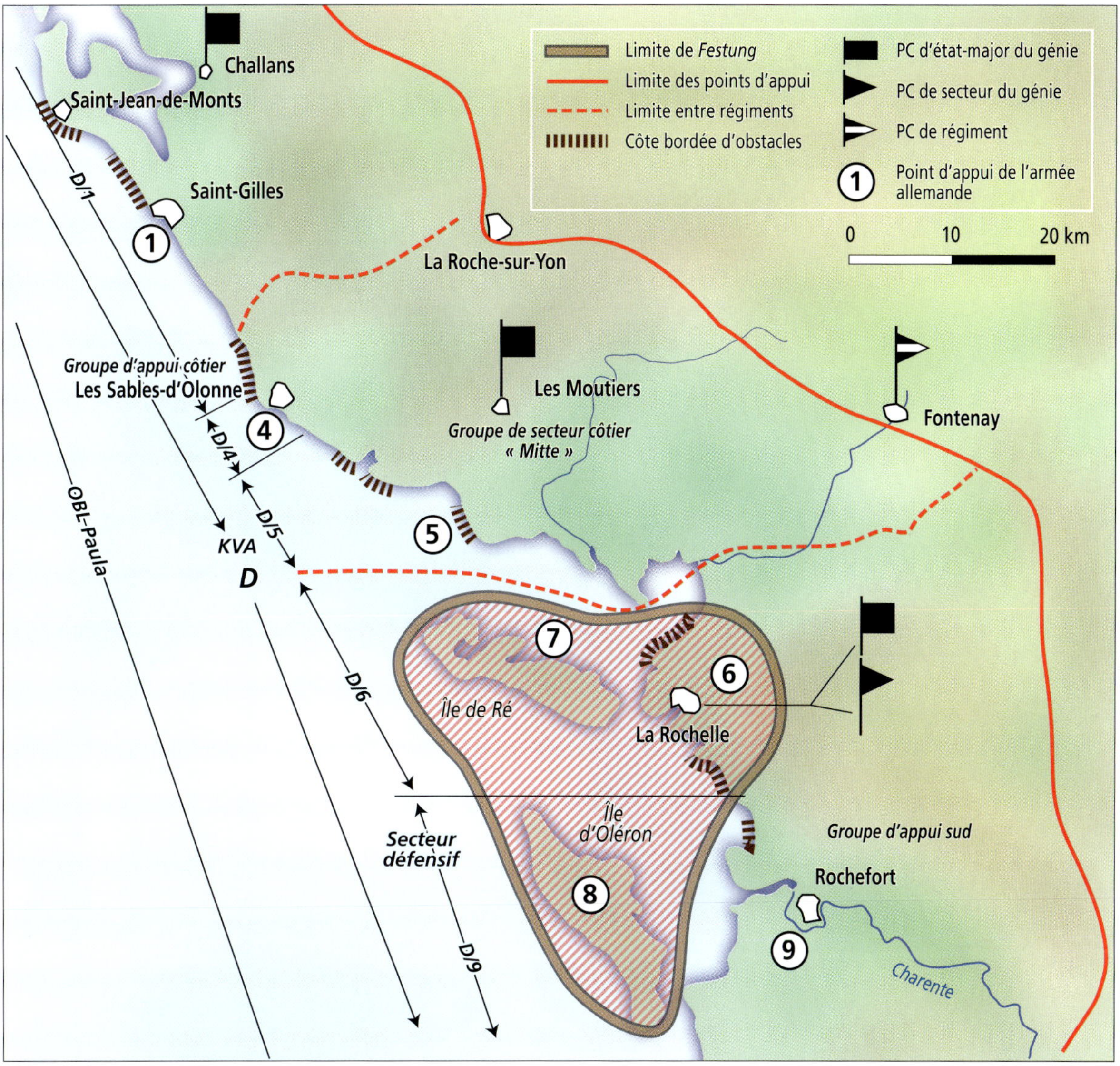

LA POCHE DE LA ROCHELLE SELON UNE CARTE ALLEMANDE CONSERVÉE AUX ARCHIVES DE LA MARINE

Hubert Meyer, chargé par l'Etat-Major français, encore à Alger jusqu'à la fin du mois, de surveiller les installations portuaires de La Rochelle et de rendre compte. Dans la même période, Hitler donnait l'ordre à la 1re Armée, grande formation qui occupait le Sud-Ouest, de se replier en direction de la frontière du Reich. C'est alors que se constituait la poche avec différentes troupes de la *Wehrmacht*, à l'instar des autres forteresses. C'est « *Entre marins* », pour reprendre le titre du livre de Meyer, que le sort de La Rochelle devait se régler après diverses rencontres menées par le commandant Meyer avec le contre-amiral Ernst Schirlitz. Finalement, le 18 octobre, une convention temporaire était signée avec l'accord du général Adeline, commandant des forces françaises du Sud-Ouest. Cet accord prévoyait le *statu quo* entre les deux fronts à condition que les troupes françaises

Convention entre le général Adeline et l'amiral Schirlitz

Dans le but d'éviter la destruction des installations portuaires et urbaines du port de La Rochelle-La Pallice, il a été convenu ce qui suit :

1. Les zones désignées ci-après ne peuvent faire l'objet d'attaques ni par terre, mer ou air de la part des troupes françaises comme des troupes allemandes. Les zones en question sont délimitées comme suit :

a. Zone interdite à l'action des troupes françaises : l'île de Ré et une portion de terre ferme limitée du côté de la terre par la ligne indiquée en rouge sur le plan joint.

b. Zone interdite à l'action des troupes allemandes : les régions situées à l'est de la ligne figurée en bleu telle qu'elle est indiquée sur le plan joint.

CI-DESSUS : HUBERT MEYER ET ERNST SCHIRLITZ.

2. Dans la zone indiquée au paragraphe 1a, le commandement allemand s'engage à s'abstenir de toute destruction des installations portuaires et urbaines.

3. Dans la zone indiquée au paragraphe 1b, le commandement français s'engage à ne pas fomenter ou appuyer des mouvements de résistance et des actes de sabotage de la part de la population.

4. Dans la zone comprise entre les lignes rouge et bleue indiquées ci-dessus, les deux parties contractantes se réservent pleine liberté d'action.

[...]

8. Le présent accord entre en vigueur, le 20 octobre à 20 h.

ne franchissent pas une ligne rouge (voir carte p. 35)– en réalité, un fossé antichar – et qu'elles ne fassent pas appel à une intervention de l'aviation alliée ; de leur côté, les Allemands ne devaient pas dépasser la ligne bleue ceinturant la *Festung*. Dans l'espace s'étendant entre les deux lignes, toute liberté d'action était laissée aux deux adversaires. Les deux parlementaires étaient parvenus à un compromis : la diplomatie l'emportait sur la force, la raison sur l'entêtement.

Le capitaine de vaisseau Hubert Meyer

Lorrain, parlant couramment la langue allemande, Hubert Meyer est né en 1899 dans une famille protestante. Entré dans la Marine nationale, on le retrouve, fidèle au gouvernement de Vichy, dans la rade de Toulon, sur un contre-torpilleur qu'il n'hésite pas à saborder, le 22 novembre 1942. A la fin du mois d'août, il reçoit l'ordre de gagner La Rochelle.

CI-CONTRE
LA ROCHELLE-LA PALLICE :
vue aérienne du port et de la base sous-marine (1950, altitude 1 100 m, échelle 1/5 000).

Cet arrangement n'empêchait nullement les bataillons d'engagés volontaires FFI de poursuivre le siège de la place forte et de faire face aux coups de main allemands (raids sur Marans, sur Aigrefeuille, sur Saint-Jean-de-Liversay…). On trouvait ainsi sur le pourtour de la forteresse diverses unités : bataillons FFI de Vendée, 114e RI, bataillon Foch (qui fera face, le 15 janvier, à une violente attaque sur Marans), 108e RI (dans lequel était intégrée la brigade « Demorny » constituée à l'origine des maquis de Dordogne, du Périgord ou du Lot), et le régiment Bir Hakeim qui, sur sa gauche, était en contact avec les forces assiégeant Royan. Cette unité avait reçu la mission d'empêcher la jonction des forces ennemies assiégeant Royan avec celles de La Rochelle.

Au total, on estime qu'à la fin du mois d'octobre, il y avait plus de 8 000 FFI sur le front de La Rochelle. En janvier, l'inutile et désastreux bombardement de la station balnéaire de Royan montrait aux Rochelais la sagesse de la transaction conclue par le commandant Meyer avec l'ennemi.

Dénonciation de la convention d'octobre

En avril, le général de Larminat faisait parvenir au contre-amiral Schirlitz un courrier dans lequel le chef français faisait connaître son intention de dénoncer la convention, signée en octobre précédent, délimitant la zone de combats, en arrière de La Rochelle. Il ajoutait, dans son courrier, que la destruction des installations portuaires et urbaines de La Rochelle serait considérée comme un acte de vandalisme ou, si l'on préfère, comme un crime de guerre. En revanche, en cas de respect du patrimoine existant, la garnison allemande pourrait bénéficier d'une certaine générosité de la part des vainqueurs. Sitôt la convention dénoncée, les troupes qui avaient reçu des renforts, dont le 13e Régiment de dragons (chars Somua et Renault récupérés), se mettaient en route repoussant progressivement la ligne de front de 2 à 8 km, selon les endroits, sans atteindre la ligne rouge. Le 7 mai, après avoir appris par la radio la capitulation du Reich, le contre-amiral allemand négociait sa propre reddition, alors que les troupes françaises entraient dans la ville pavoisée.

CI-DESSOUS
SOUMARD : batterie d'artillerie de moyen calibre avec ses casemates parfaitement alignées.

Royan et la pointe de Grave

CI-DESSUS
POSTE DE DIRECTION DE TIR À TROIS NIVEAUX DE LA BATTERIE DES ARROS (GIRONDE-SUD).

Certes, comme Saint-Malo, Brest, Dunkerque ou Lorient, la ville de Royan, encore qu'elle ne fût pas, à l'instar de Saint-Malo, une base d'où pouvait partir la guerre sous-marine, a subi des bombardements dévastateurs. Malgré ce trait commun, il y a aussi, dans l'histoire des poches de l'Atlantique, une originalité royannaise, comme il y a, pareillement, une particularité rochelaise. A vrai dire, le destin de Royan apparaît comme l'inverse de celui de La Rochelle : autant La Rochelle est l'exemple de la diplomatie, des accommodements et de la recherche d'un règlement arrangé du conflit en voie d'achèvement, autant Royan est l'exemple du baroud d'honneur, de la fureur guerrière poussée à son paroxysme, du déchaînement de la violence et du combat coûte que coûte. Qui plus est, comme le souligne l'historien Guy Binot dans un article consultable sur le site Internet consacré par la ville à la libération de la poche de Royan, cette victoire tant désirée par le GPRF et l'Etat-Major, n'a pas franchement marqué l'histoire de la Seconde Guerre mondiale, écrasée qu'elle est entre des événements d'une tout autre portée mettant en jeu le destin de la civilisation occidentale, comme l'encerclement de la capitale du Reich par l'Armée Rouge, la rencontre à Torgau, sur les rives de l'Elbe, des troupes américaines et soviétiques ou le suicide, à la fin du mois d'avril, de Hitler.

De Larminat et son état-major

C'est lors de sa visite à Saintes et de sa rencontre avec le général Adeline et le commandant Meyer, le 18 septembre, que de Gaulle faisait part de sa volonté de voir les

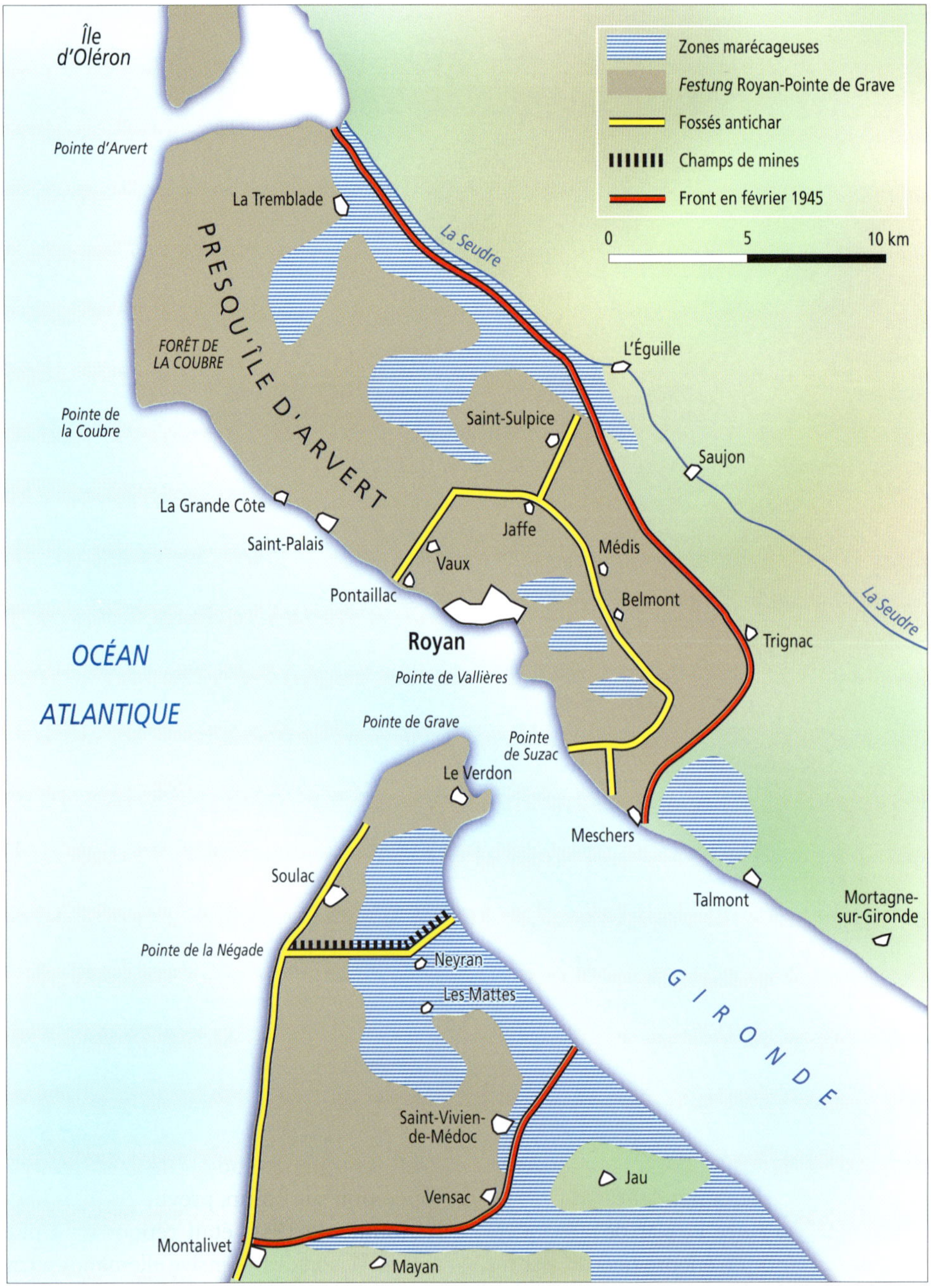

CARTE MONTRANT LA FORTERESSE DE ROYAN ET CELLE DE GRAVE, SEULE POCHE DE L'ATLANTIQUE À NE PAS ÊTRE D'UN SEUL TENANT

troupes de l'Atlantique obtenir une victoire française contre les poches tenues par les Allemands sur la côte du Ponant. Pour mettre en œuvre ce souhait politique, de Gaulle nommait, à la mi-octobre, le général de Larminat à la tête des forces françaises de l'Atlantique, assisté de l'amiral Joseph Rue, commandant les forces navales, et du général Corniglion-Molinier, commandant des forces aériennes. Faisant partie du Corps

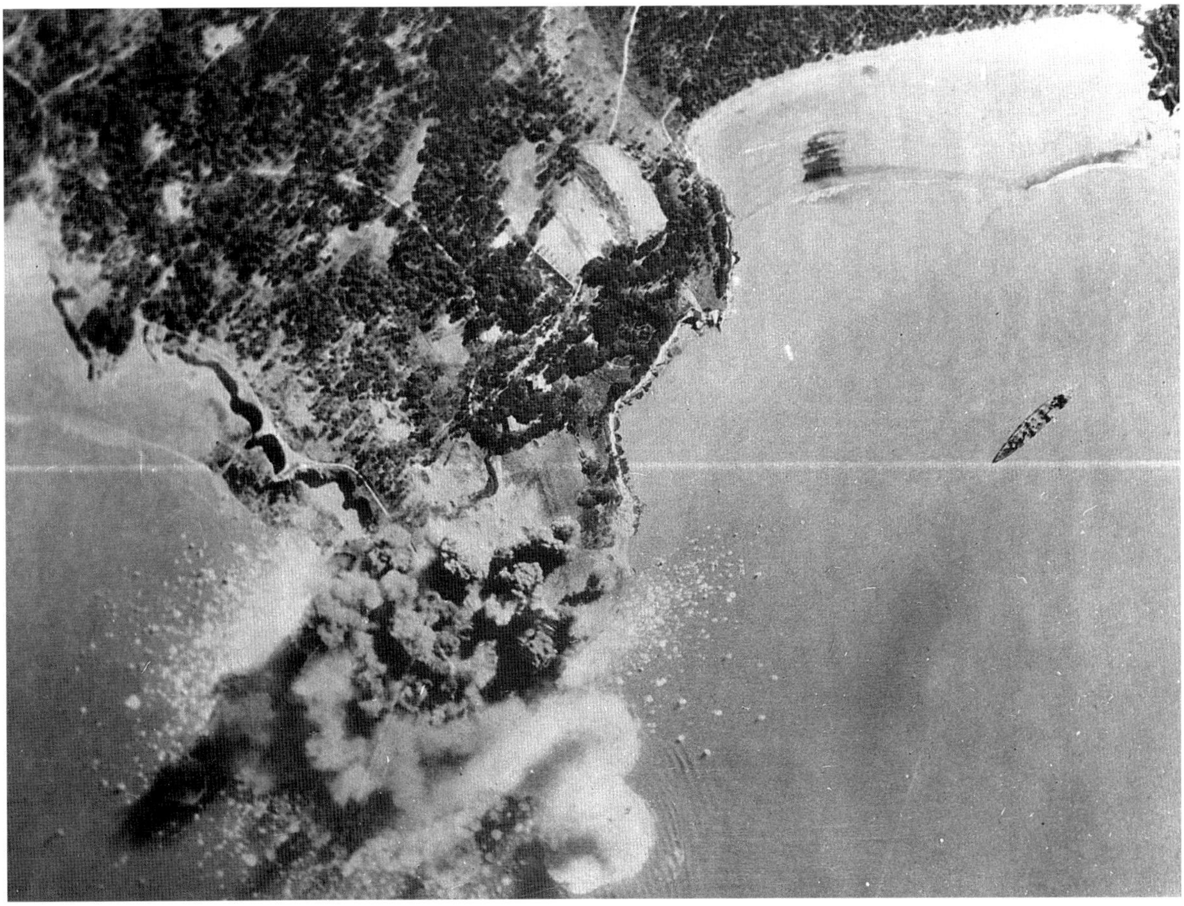

CI-DESSUS
POINTE DE SUZAC, SUR LA RIVE NORD DE LA GIRONDE : BOMBARDEMENT AÉRIEN DE LA BATTERIE PAR L'US AIR FORCE (FÉVRIER 1945).

expéditionnaire allié commandé par le général Eisenhower, les forces françaises, celles de De Larminat comme celles de De Lattre de Tassigny, commandant de la 1re Armée française, étaient subordonnées au général américain Jacob Devers. De même, le général Corniglion-Molinier était rattaché au général Ralph Royce, commandant la FTAF, ou *First Tactical Air Force*. Le plan de reconquête du littoral atlantique encore occupé par les Allemands prévoyait un assaut non sur l'ensemble du front des poches, mais une offensive limitée devant se dérouler en plusieurs phases. La première étape consistait à s'emparer de la forteresse que les Allemands avaient baptisée « Gironde-Nord », c'est-à-dire Royan, la plus petite des poches, celle qui avait la plus faible garnison et qui, selon les renseignements, était le plus dépourvue de moyens de combat. Une fois Royan dans la poche, l'état-major prévoyait dans la foulée de poursuivre les hostilités, avec un débarquement sur l'île d'Oléron, puis de se retourner, dans une troisième étape, contre La Rochelle et, enfin, contre Saint-Nazaire. Baptisée du nom de code « Indépendance », l'opération sur Royan, prévue pour la fin de l'automne de 1944, était repoussée à plus tard en raison de l'offensive allemande à travers le massif ardennais, déclenchée à la mi-décembre par le maréchal von Rundstedt. Brutale et subite, cette violente et dangereuse contre-offensive contraignait le général Eisenhower à mobiliser toutes ses forces et à rappeler la division blindée française en route pour rejoindre la côte de l'Atlantique. Malgré ce contretemps, le raid aérien préalable à l'assaut terrestre prévu sur Royan et ses défenses, demandé à l'aviation stratégique alliée, n'était pas annulé. Le 10 décembre, le général Royce, commandant la *First Tactical Air Force*, se rendait à Cognac où se trouvait le QG du général de Larminat pour mettre au point avec le général Corniglion-Molinier le futur raid aérien devant ouvrir l'opération Indépendance.

Le général Corniglion-Molinier

Né à Nice en 1899, le futur général d'aviation Edouard Corniglion-Molinier s'engage en 1915 dans l'armée pour devenir pilote de chasse et mène avec succès de nombreuses missions d'observation et de reconnaissance Après guerre, il entreprend plusieurs raids aériens en compagnie de Malraux au-dessus des déserts du Moyen-Orient, à la recherche des civilisations disparues. En 1936, toujours avec Malraux, il participe à la guerre civile espagnole, dans l'aviation républicaine. En 1941, il rejoint de Gaulle à Londres et est affecté à la RAF. Il participe aux campagnes du Moyen-Orient ainsi qu'à des missions de bombardement sur l'Allemagne. En septembre 1944, il est nommé à la tête des forces aériennes de l'Atlantique et a sa part de responsabilité dans le bombardement de Royan. Après guerre, il devient producteur de films tout en menant une carrière politique (député, sénateur, ministre à diverses reprises). Il meurt en 1963.

Le bombardement aérien de janvier 1945

C'est le 5 janvier, au petit matin, que se déroulait ce qui est qualifié dans le compte-rendu diffusé, le 9 janvier, sur la radio allemande de « *starke Luftangriffe gegen die Gironde-Nord* » (violentes attaques aériennes contre la forteresse de Gironde-Nord). Ce jour, en effet, plusieurs centaines de bombardiers Lancaster larguaient plus de 2 000 tonnes de bombes sur l'élégante station balnéaire et ses alentours, faisant plus de 500 victimes civiles et plus d'un millier de blessés parmi les habitants qui, en dépit des ordres, avaient refusé d'abandonner leur demeure. Après ce déluge de feu, la ville de Royan, détruite à plus de 85 %, n'était plus qu'un champ de ruines. Ce bombardement n'empêchait nullement les Allemands de continuer à mener des patrouilles le long de la ceinture défensive tenue par nos troupes et à tenter des

CI-CONTRE
CHARGEMENT D'UN BOMBARDIER B17 SUR UN TERRAIN D'AVIATION EN ANGLETERRE.

CI-DESSUS
LE QUADRIMOTEUR B17 ÉTAIT CONÇU POUR VOLER À HAUTE ALTITUDE.

EN HAUT
FLYING FORTRESSES VOLANT EN DIRECTION DE LA FRANCE.

petits assauts amphibies de l'autre côté de la Seudre ou des attaques localisées. De leur côté, les marins du Corps Franc du capitaine de corvette Lucien Fournier, bataillon appartenant au 158e RI, n'hésitaient pas à rendre la pareille en traversant plusieurs dizaines de fois la Seudre sur des barques et à s'attaquer à des postes d'observation isolés.

Malgré les progrès des troupes alliées en Allemagne, l'offensive destinée à libérer Royan (opération Indépendance) était remise au goût du jour par l'état-major du général de Larminat, après avoir été mise de côté en raison de ce que les Américains appellent « *the Battle of the Bulge* », c'est-à-dire la bataille du saillant créé dans le massif ardennais par les forces ennemies. Le 25 mars, afin de simplifier l'ordre de bataille, le commandement des forces françaises du Sud-Ouest, confié depuis octobre 1944 au colonel (bientôt général) Henri Adeline, était dissous par de Larminat. A la place était créé un seul commandement dénommé détachement de l'armée de l'Atlantique (DAA) rassemblant toutes les troupes présentes en arrière de la côte sous les ordres de De Larminat. Afin de pouvoir faire face à une contre-offensive ennemie, le DAA était renforcé de plusieurs bataillons coloniaux provenant notamment du Maghreb ou des Antilles ainsi que de formations d'Afrique noire, autorisées par Eisenhower à quitter le front du Reich pour le front de l'Atlantique.

Opérations Vénérable, Jupiter et Mousquetaire

Rebaptisée du nom de code « Vénérable », l'attaque sur Royan était minutieusement préparée par les officiers de l'état-major de De Larminat. Selon le plan, l'assaut terrestre serait précédé par un nouveau bombardement des défenses ennemies mené par les forces aériennes américaines de la *8th Air Force*, puis le relais serait passé aux canons de marine des croiseurs de l'amiral Rue naviguant dans des chenaux préalablement déminés par la 31e flottille de dragueurs canadiens. La dernière phase du bombardement serait assurée par une brigade d'artillerie lourde américaine. Après ce pilonnage, ce serait au tour des éléments blindés de la 2e DB du général Leclerc et d'autres formations cuirassées (13e régiment de dragons, bataillon « Foch » équipé de chars Sherman) formant le fer de lance du DAA, d'entrer dans la danse en ouvrant la route à l'infanterie répartie en plusieurs groupes : division de marche « Gironde » créée le 25 mars par de Larminat et confiée au général

CI-CONTRE
SOLDATS DEVANT PARTICIPER À L'ASSAUT CONTRE ROYAN ATTENDANT L'ORDRE DE DÉPART.

CI-DESSUS
ELÉMENTS DE LA 2e DB DE LECLERC FAISANT ROUTE VERS ROYAN.

Message du général de Larminat aux troupes avant l'assaut sur Royan (avril 1944)

« Le moment est venu de faire sauter la forteresse ennemie de Royan-Grave. Les moyens matériels sont réunis. Le succès de l'opération ne dépend plus que de la sagesse des chefs, de la valeur et de l'intelligence des soldats [...]. Soldats FFI du front de l'Atlantique, vous recevrez l'aide de vos camarades chevronnés de la division Leclerc et de l'artillerie américaine [...]. Montrez à la France que vous savez vaincre dans une bataille en règle... C'est une part notable de la renaissance du pays qui est entre vos mains. Pensez-y. »

d'Anselme (future 23e division d'infanterie), brigade dite « d'Oléron », zouaves, spahis, unités d'Afrique noire et troupes sous le commandement du colonel Adeline, dont les dragons du colonel Lesage et le régiment dit « de Bigorre » du colonel Faulconnier. Au total, l'ensemble de ces forces dépassait 30 000 hommes.

Comme prévu, l'attaque sur la *Festung Gironde-Nord* (Royan) débutait, le 15 avril au petit matin, par de « *starke Angriffe aus der Luft... von See und von Land...* » (puissantes attaques aériennes, navales et terrestres). Elle s'achevait, deux jours plus tard, après des engagements qualifiés dans le rapport allemand d'« *erbitterten Kämpfe* » (très durs combats), avec la reddition de l'amiral Michahelles.

De cette reddition, le commandement allemand ne souffle pas un seul mot dans ses bulletins d'information. En revanche, la radio berlinoise s'étend longuement, dans son bulletin d'information, sur le bombardement de la presqu'île de la Hague effectué par les « *schwere Küstenbatterien der Kriegsmarine* », batteries d'artillerie côtière à longue portée de la Marine implantées sur l'île anglo-normande d'Aurigny (une des îles de la *Festung des Kanalinseln*). Le 18 avril, dans la forteresse de Royan, une nouvelle *Schlachtfligerangriff*, attaque aérienne menée par des avions d'assaut, suivie d'un affrontement terrestre, venait à bout des bunkers de la forêt de la Coubre, disséminés au sein de la presqu'île d'Arvert, âprement défendus par les marins du bataillon Tirpitz. Deux jours plus tard, les troupes du colonel de Milleret, soutenues par l'aviation française de reconnaissance et de bombardement, obtenaient la capitulation « *die tapfere Bezatzungen von Seefestung Gironde-Süd* » (des valeureuses forces d'occupation tenant la forteresse de Gironde-Sud), c'est-à-dire de la pointe de Grave. Dans l'exposition consacrée au bombardement de Royan, le musée du Patrimoine du pays royannais annonce que dans ces divers combats 364 soldats français sont morts, 47 civils également, et que le nombre des blessés militaires et civils additionnés s'élève à un peu plus de 500. Du côté allemand, les pertes sont estimées à un millier d'hommes et presque autant de blessés auxquels il faut ajouter environ 8 000 prisonniers.

Après Royan, le commandement lançait un débarquement sur Oléron (opération portant le nom de code « Jupiter »). Une journée suffit pour obtenir la reddition de la garnison. Selon le planning, Jupiter aurait dû être suivie de l'attaque sur La Rochelle (opération Mousquetaire), mais, à la suite de la signature d'un acte de capitulation partielle à Lüneburg, au quartier général de Montgomery, le 3 mai, et de la déclaration faite, le lendemain, à la radio par l'amiral Dönitz, invitant les troupes à cesser le combat, cette offensive fut annulée. Ce contre-ordre n'était pas sans réjouir le colonel Adeline qui avait toujours critiqué le plan Mousquetaire, estimant qu'il s'agissait d'une opération de prestige totalement dépourvue d'intérêt stratégique. Quelques jours plus tard, le vice-amiral Schirlitz, le *Festungskommandant* de la base navale, signait la reddition de la place forte rendue intacte, comme promis, au commandant Meyer.

CI-DESSUS
CHARS DE LA 2e DB AUX ABORDS DE ROYAN.

Royan, une destruction contestable

Avec le recul, on peut, aujourd'hui, se poser la question de savoir si on avait réellement besoin, au milieu du mois d'avril 1945, d'une telle démonstration de force sur la côte atlantique, alors qu'au même moment, à 1 400 km de là, les Soviétiques s'emparaient, dans Berlin, de l'aéroport de Tempelhof.

Comme l'a dit le général Leclerc qui a qualifié l'opération sur Royan de « mascarade », c'est en participant à l'invasion du Reich que l'armée française pouvait, à coup sûr, se couvrir à nouveau de gloire et non en allant s'embourber « dans les parcs à huîtres de Marennes ». Finalement, pour paraphraser le général de Larminat lorsqu'il parlait avec dédain de la convention signée

CI-DESSUS
ROYAN : LA VILLE APRÈS LES BOMBARDEMENTS AÉRIENS.

entre Schirlitz et Meyer, accord nullement blâmable qui a permis de sauver des centaines de vies ainsi que le patrimoine urbain et portuaire de La Rochelle, on peut soutenir que l'opération de prestige menée tardivement sur Royan est une victoire « puérile, coûteuse et inutile ». La question de la capture de Royan a fait naître de nombreuses polémiques. Il faut lire sur Internet les pages concernant cette opération, en particulier visiter les sites du musée du Patrimoine du pays royannais, celui de la ville de Royan ou, d'un avis opposé, celui du Collège interarmées.

L'attaque sur Royan et la pointe de Grave

Parmi les trois points d'appui fortifiés par les Allemands au sud de la Loire, le général de Larminat avait choisi de commencer par réduire celui s'étendant sur les deux rives de l'embouchure de la Gironde (Royan et Grave) avant de se retourner contre La Rochelle, puis Saint-Nazaire. Voici ce qu'écrit le général de Gaulle à ce propos : « Au moment d'en découdre, 15 000 Allemands commandés par l'amiral Michahelles occupent les organisations (défensives). Le 14 avril, nos troupes partent à l'assaut [...]. Le général d'Anselme a le commandement de l'attaque. Il dispose de sa division, la 23ᵉ, d'une grande partie de la 2ᵉ division blindée et d'éléments de renforcement. Pendant ce temps, de l'autre côté de la rive, les troupes de Milleret se heurtent, vers la pointe de Grave, à une défense acharnée. Mais le 20 avril, elles viennent à bout des derniers îlots [...]. L'opération de la Gironde est une réussite française... »

Général de Gaulle, *Mémoires de guerre*, tome III, *Le salut 1944-1946*, Plon, Paris.

Le lendemain, 21 avril, de Gaulle venait féliciter les vainqueurs à Royan et à la pointe de Grave.

LA VIE DANS LES POCHES

On sait que près de 100 000 soldats allemands étaient enfermés dans les six poches existant sur le littoral français : Dunkerque, Lorient, Saint-Nazaire, La Rochelle-La Pallice-Oléron-Ré, Royan et la pointe de Grave. Pendant près de neuf mois, ces hommes allaient vivre isolés du reste du monde. De l'autre côté, hormis les 18 000 soldats américains qui disposaient d'un certain confort, les 50 000 soldats français montant la garde face à un ennemi irréductible vivaient dans un état de privation difficilement imaginable. Quant aux civils englobés malgré eux dans les poches, pris entre deux feux, souvent contraints de travailler pour l'ennemi tout en subissant les bombardements, leur sort n'était guère plus enviable.

Deux sources de première main

Du côté allemand, pour se faire une idée des difficultés de la vie quotidienne dans les enclaves portuaires, on dispose de deux précieux rapports, chacun rédigé par un commandant de forteresse. Le premier de ces documents, dont l'original se trouve au Service historique de la Marine à Vincennes, se présente sous la forme d'une chronique dans laquelle l'auteur enregistre et commente les événements les plus importants de chaque journée d'enfermement. Aujourd'hui traduit en français et paru en librairie, le *Tagebuch* (Journal) du contre-amiral Frisius, source de première main, est une mine d'une grande richesse quant aux informations qu'elle apporte sur la vie quotidienne dans le camp

PAGE DE GAUCHE
DUNKERQUE : enfant mangeant une tartine donnée par des soldats canadiens.

retranché de Dunkerque. L'autre trésor aussi inestimable, du moins aux yeux de l'historien, est le rapport du général d'artillerie Wilhelm Fahrmbacher, commandant la *Festung* Lorient, entre août 1944 et mai 1945. A l'origine rédigé à la demande du Service historique de l'Etat-Major général de l'*US Army*, alors que le général Fahrmbacher se trouvait en captivité en France, ce document d'archives est, depuis le milieu des années 1950, paru en librairie en Allemagne. Dans cet ouvrage, très bien documenté, agrémenté de plans et de cartes, le général allemand dresse un tableau détaillé de la vie militaire dans la poche de Lorient. Grâce à ces deux sources fiables, ce que l'on dira pour Dunkerque et pour Lorient pourra – *mutatis mutandis* – être étendu aux autres poches.

CI-CONTRE
GÉNÉRAL FAHRMBACHER.

La vie des défenseurs

Des troupes disparates

A Lorient, la poche se constituait vers la mi-août, juste après l'arrivée des troupes américaines ; à Dunkerque, la poche se refermait plus d'un mois plus tard, au moment de l'arrivée des Canadiens. Dans toutes les poches, les garnisons étaient composées de troupes très disparates. La plus grande partie provenait cependant de la *Wehrmacht*, mais à Lorient et à La Rochelle, les marins étaient les plus nombreux (équipages des navires de guerre comme les dragueurs de mines ou les vedettes rapides, personnel des bases sous-marines ou de l'artillerie de marine). A Dunkerque, en revanche, on trouvait en majorité des troupes provenant de la 15e Armée, dont un petit nombre d'Alsaciens. En plus des marins et des grenadiers (fantassins), il y avait, dans les poches, des personnels appartenant à la *Luftwaffe* (servants des batteries de la *Flak* ou des stations de radar) ainsi qu'à d'autres unités (police, douaniers, personnel de l'administration militaire ou de l'Organisation Todt, dont un groupe de 500 Nord-Africains dans la base de Saint-Nazaire et presque autant de Marocains à Lorient...). Enfin, au bas de l'échelle, on trouvait un certain nombre de troupes recrutées en Russie, dites *Osttruppen* (Russes blancs, gens de l'armée Vlassov, Ukrainiens, Cosaques, Arméniens, Géorgiens,

CI-DESSOUS
SCÈNE DE LA VIE QUOTIDIENNE DANS UNE GARNISON DE FESTUNG.

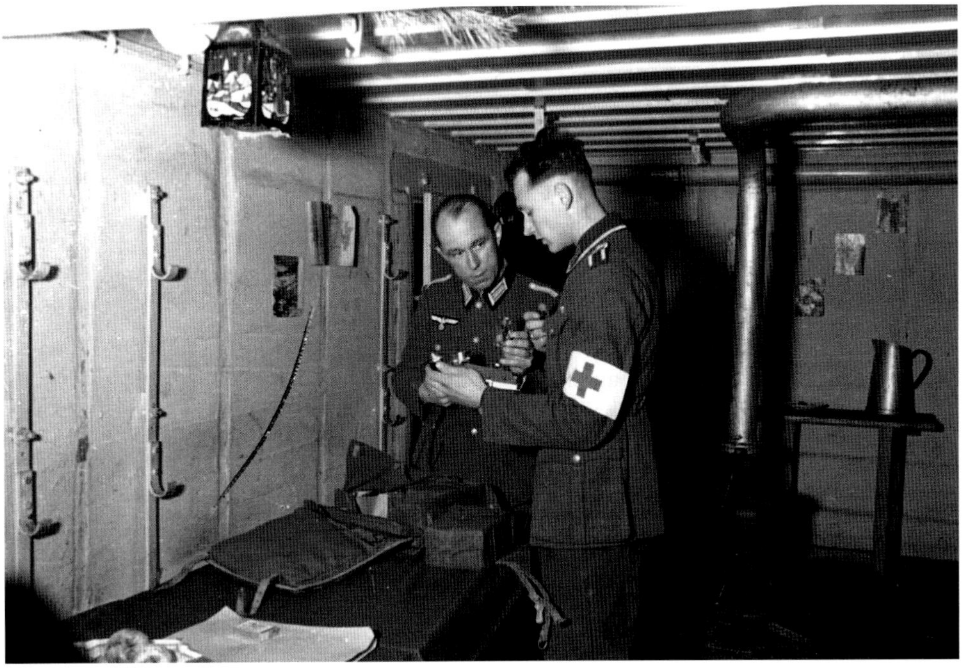

CI-CONTRE
INFIRMERIE DANS UN BUNKER CHAUFFÉ.

Azerbaïdjanais...), ainsi que des soi-disant volontaires polonais. A Lorient, Fahrmbacher mentionne qu'on trouvait en plus de tout ce qui vient d'être énuméré des volontaires flamands, wallons, danois et espagnols, et que dans la *Festung* il y avait « *des hommes de toutes les classes, entre 16 et 70 ans, notamment un certain nombre de vieux soldats qui avaient combattu lors de la Première Guerre mondiale* ».

L'urgence pour le commandement était de donner à ces soldats venant de tous les horizons une instruction militaire et de les initier, en particulier les marins, au combat sur terre afin qu'ils puissent faire face aux attaques lancées par les Américains ou aux embuscades dressées par les maquisards. Seuls les *Osttruppen*, dont l'état-major se méfiait, demeuraient cantonnés dans des tâches manuelles comme l'entretien des lignes défensives ou le creusement des fossés antichars.

Raids alimentaires menés par les Allemands

Dans leur passionnant ouvrage consacré au duo Meyer-Shrirlitz, paru en 2007, Robert Kalbach et Olivier Lebleu racontent le déroulement d'une razzia mené par une troupe allemande, le 15 janvier 1945, dans le bourg de Marans... Ce jour-là, 4 000 soldats allemands attaquaient les silos de grain et la laiterie de Marans, où ils trouvaient des stocks importants ainsi que plusieurs centaines de vaches et de moutons. Et les auteurs d'ajouter que, « enhardis par leur succès de la semaine précédente, ils ne tardaient pas à revenir ».
Robert Kalbach et Olivier Lebleu, *La Rochelle septembre 44-mai 45. Meyer et Schirlitz, les meilleurs ennemis*. Geste éditions, 2005.

Razzias alimentaires

Après la formation militaire, l'un des problèmes majeurs pour les commandants des poches était d'assurer le ravitaillement des garnisons. Les réserves stockées dans les hangars des bases sous-marines n'étant pas suffisantes, l'ennemi ne devait pas tarder à se faire cultivateur, éleveur, et même pilleur de denrées alimentaires dans l'arrière-pays.

Ainsi, à Dunkerque, Frisius nous dit que la garnison cultivait, entre les terres inondées et minées, des centaines d'hectares : cultures de céréales, de pommes de terre, de betteraves, de fourrages pour les animaux ainsi

DIE FESTUNG

NACHRICHTENBLATT FUER ALLE DREI WEHRMACHTTEILE

Nummer 13 — St. Nazaire, den 12. November 1944

Vergeltungswaffe »V 2«

Verheerende Wirkung im Raum Gross-London – Englische Teilgestaendnisse

Coll Musée de la Poche

que des légumes. Pour la production de viande, les garnisons élevaient du gros bétail (bœufs et chevaux par centaines de têtes) sur les anciens terrains d'aviation (Mardyck, La Baule-Escoublac, Laleu...) ainsi que des moutons, des chèvres, sans oublier les poules et les lapins. A Dunkerque, par exemple, on tuait, chaque jour, entre vingt-cinq et trente têtes de gros bétail. Ayant beaucoup d'argent, les Allemands faisaient aussi des affaires avec les fermiers français auxquels ils achetaient œufs et beurre alors que les paysans refusaient bien souvent de vendre aux FFI qui n'offraient en contrepartie que des bons de paiement... Le commandant de Lorient dit que la pêche n'était qu'un appoint insignifiant, ce qui n'était pas du tout le cas à Dunkerque où Frisius avait fait construire, dans les ateliers de la base destinée à abriter les vedettes rapides, des petits bateaux à moteur permettant une pêche en mer (harengs), dans les bassins du port ou encore dans les canaux et fossés de l'arrière-pays inondé (anguilles). Outre le ramassage des

CI-CONTRE
LES BUNKERS SERVANT DE CASERNEMENTS ÉTAIENT MUNIS DE COUCHETTES.

CI-DESSUS
POÊLE DE FORTERESSE.

moules et la chasse (pigeons et lièvres), le dépeçage de quelques dauphins venus s'échouer sur la grève agrémentait l'ordinaire. Moulin à blé, laiterie, boulangerie et distillerie pour la fabrication du schnaps se retrouvent dans toutes les poches avec, en plus à Dunkerque, des conserveries de poissons avec fumerie. De même, chaque camp retranché avait sa centrale électrique fonctionnant avec une chaudière à vapeur alimentée la plupart du temps avec des traverses de chemin de fer provenant du démontage des voies ferrées du secteur. Pour l'alimentation en eau, les Allemands construisaient un grand nombre d'éoliennes. Les relations avec Berlin et avec les autres forteresses, dont celle des *Kanalinseln* (îles anglo-normandes), étaient permanentes grâce aux puissants émetteurs que l'on trouvait dans chaque base sous-marine.

Avions et sous-marins

Hormis quelques visites inattendues comme l'atterrissage, à Lorient, d'une forteresse volante américaine qui avait perdu son chemin au retour d'une mission de bombardement sur l'Allemagne ou, comme à La Rochelle, abattue par la *Flak*, les relations avec l'extérieur étaient inexistantes. Arrivait seulement, de temps à autre, à Lorient, en pleine nuit, un cargo chargé de vivres en provenance de Saint-Nazaire, le point d'arrivée de la plupart des sous-marins apportant directement d'Allemagne munitions, ravitaillement et matériel médical. De son côté, La Rochelle était le port qui entretenait le plus de relations avec l'Espagne, d'où provenaient fruits et huile par cargos ou sous-marins. Quant à Dunkerque, la forteresse recevait, de temps à autre, la visite de sous-marins de petite taille provenant d'Ijmuiden apportant quelques produits rares ou des médicaments. Les liaisons aériennes en provenance d'Allemagne étaient peu fréquentes

CI-CONTRE
INSIGNE DU CHANTIER DE CARÉNAGE DE LA MARINE DE GUERRE ALLEMANDE DE SAINT-NAZAIRE.

et limitées aux parachutages de quelques conteneurs renfermant courrier, produits pharmaceutiques ou encore croix de guerre destinées à honorer les soldats les plus valeureux ! Toutefois, se fondant sur les archives de sa division, Bradham indique, dans son ouvrage, que l'*airfield* de la forteresse de Saint-Nazaire « *received about four flights a week from Germany* » (recevait, par semaine, environ quatre vols provenant d'Allemagne).

Maintien du moral

Le maintien du *Stimmung in den Festungen* (du moral dans les forteresses) était la troisième priorité du commandement. Pour combattre toute lassitude ou défaitisme entraîné par l'isolement, l'éloignement de ses proches, la dureté des conditions de vie, le sévère rationnement du tabac (deux cigarettes par jour à Lorient), les bombardements quotidiens ou les effets de tracts lancés par les avions alliés ou par obus d'artillerie invitant les soldats à déserter, le commandement multipliait concerts, chorales, représentations théâtrales et matchs de football. Un petit journal voyait le jour dans chacune des poches avec mission de remotiver les troupes en transformant le moindre succès, lors d'un raid contre les assiégeants, en une victoire éclatante et prometteuse. Le maintien d'une sévère discipline, la punition de tout acte de défaitisme, l'occupation des hommes (entretien des lignes de défense, participation aux patrouilles quotidiennes, aux travaux agricoles ou dans les ateliers) ainsi que les manœuvres militaires devaient tenir en haleine les hommes et les empêcher de se poser des questions. En cas de capture ou de retour forcé lors d'un échange de prisonniers, les déserteurs étaient systématiquement fusillés ou pendus à la façade de l'hôtel de ville, comme à Dunkerque.

CI-DESSUS
PREMIÈRE PAGE DU MENU DE NOËL 1944 DANS LA BASE SOUS-MARINE DE SAINT-NAZAIRE.

Proclamation de l'amiral Frisius à ses troupes, à la suite de plusieurs désertions, en janvier et février 1945, dans la *Festung* de Dunkerque

« Un autre porc a déserté. Ce faisant, il a apporté à sa famille un indescriptible malheur : dans un cas semblable, on peut compter qu'elle sera liquidée. Ce que nous devons à ces déserteurs peut être immédiatement remarqué, car l'artillerie ennemie change ses tirs sur des objectifs non visés précédemment. Mais naturellement cela ne touche pas de telles créatures sans conscience… »

Dans la suite du texte, après avoir répété que celui qui galvaude son honneur perd tout, Frisius annonce aux soldats réunis que le dernier déserteur ayant raté son ignoble entreprise sera pendu au sommet de la tour de l'hôtel de ville de Dunkerque. Ce qui fut fait, le 25 février.

CI-CONTRE
EVACUATION DE CIVILS DE LA POCHE DE SAINT-NAZAIRE.

Evacuation de populations civiles

A l'intérieur des forteresses vivaient encore de nombreux habitants, en dépit des expulsions réalisées par les Allemands lors de la création des *Festungen* au début de l'année 1944. Avec la création des poches et les difficultés de ravitaillement, les Allemands acceptaient les évacuations de la population, réalisées avec l'aide de la Croix-Rouge internationale. Dunkerque qui comptait environ 50 000 habitants après les diverses vagues d'évacuation (octobre 1944 et janvier 1945)

CI-CONTRE
ACCUEIL DES FAMILLES DANS LES CENTRES POUR RÉFUGIÉS DE NANTES.

n'avait plus en mai, à la veille de la reddition, qu'un petit millier d'habitants. A la demande de Frisius, ces habitants qui avaient refusé de quitter leur ville étaient regroupés dans quatre quartiers – en réalité quatre camps d'internement : Coudekerque-Branche, Saint-Pol, Rosendaël et Malo. Lorient totalisait, en avril 1945, 10 000 âmes, dont la moitié dans la ville et le reste dans les bourgs disséminés dans la campagne. En dépit des évacuations de population réalisées lors de périodes de trêve, La Rochelle conservait quelques milliers d'irréductibles qui seront bien souvent considérés par les FFI comme des collaborateurs. Le ravitaillement de ces habitants créera bien des difficultés, même à la Croix-Rouge. A Royan, malgré les appels des autorités pour évacuer la ville, un peu

CI-CONTRE À GAUCHE
VIEILLE FEMME RÉCONFORTÉE PAR LE PERSONNEL DE LA CROIX-ROUGE.

CI-CONTRE À DROITE
DISTRIBUTION DU PAIN AUX NOUVEAUX ARRIVANTS.

CI-DESSUS
CORDEMAIS :
soldats des deux camps, en attente d'un train de civils évacués de la poche de Saint-Nazaire. La gare de Cordemais se trouvait à la limite des zones allemande et américaine.

CI-CONTRE
ENFANTS ÉVACUÉS ENCADRÉS PAR LE PERSONNEL DE LA CROIX-ROUGE.

CI-CONTRE
DUNKERQUE :
évacuation des civils.

CI-CONTRE
DUNKERQUE :
civils pressés de fuir les bombardements de la poche ainsi que les tracasseries de l'occupant.

CI-DESSUS
ARRIVÉE D'UN TRAIN DE CIVILS EN GARE DE CORDEMAIS.

plus de 2 000 personnes refusèrent de quitter leur domicile. Près de 45 % de cette population sera tuée ou blessée lors du bombardement du 5 janvier. Avec plus de 120 000 habitants, dont 35 000 au sud de la Loire, la poche de Saint-Nazaire était de loin la plus peuplée. Plusieurs campagnes visant à évacuer les « empochés » par train en direction de Nantes, à partir de la gare de Cordemais, auront lieu à l'automne de 1944 et, par la suite, en janvier et en avril.

CI-CONTRE
CORDEMAIS : arrivée du train en gare de Cordemais, à la limite de la poche allemande et du secteur tenu par les Américains.

La vie des troupes autour des poches

Il est vrai que le sort des populations empochées, soumises au couvre-feu, harcelées par les bombardements, contraintes dès l'âge de 14 ans de travailler dans les ateliers de conserverie de l'occupant à Dunkerque ou bien de participer aux corvées destinées à renforcer les fortifications, n'était pas enviable. Mais au moins ces gens retrouvaient un foyer le soir et couchaient dans un lit, ce qui était loin d'être le cas des jeunes engagés volontaires montant seuls la garde dans les avant-postes des ceintures défensives mises en place autour des poches. Là, les conditions de vie étaient parfois à la limite du supportable.

CI-DESSUS
FANTASSINS DE LA 25e DIVISION SUR LE FRONT DE SAINT-NAZAIRE.

Le dénuement des engagés volontaires

En octobre 1944, le colonel Courtois, après avoir procédé à une inspection du 4e bataillon FFI en place dans le secteur Centre de la ligne de front de la *Festung* de Lorient, écrit dans son rapport : « *Des hommes ont reçu quelques capotes allemandes qui n'ont été ni lavées ni désinfectées. Si la plupart des hommes ont maintenant des chaussures, par contre, ils n'ont de graisse ni pour les chaussures ni pour les armes* ». Après avoir mentionné qu'il n'y avait pas assez de matériel de génie (pelles, pioches, haches, scies), il ajoute : « *Il n'y a pas de casques, pas de pièces de rechange pour les armes* » et, soulignant le dénuement

CI-CONTRE
POSTE D'OBSERVATION PARFAITEMENT CAMOUFLÉ.

CI-DESSUS
SURVEILLANCE D'UNE VOIE FERRÉE.

de ces troupes face à un ennemi bien équipé et bien entraîné, il continue ainsi : « [...] *il n'y a pas de linge de rechange, pas de fil, pas de savon et le manque de ce produit détermine une montée en flèche des épidémies de gale* ». Sur l'ensemble des fronts, les troupes manquaient également d'artillerie, de mitrailleuses et d'armes lourdes. A défaut de capotes françaises permettant de se protéger du froid, les hommes portaient ce qu'ils trouvaient c'est-à-dire tantôt une capote américaine pour les plus chanceux, tantôt une capote britannique, tantôt une capote prise à l'ennemi.

Un moral inébranlable

Malgré cette insuffisance de moyens matériels, le moral demeurait élevé parmi les soldats, comme l'écrit dans son rapport, rédigé à la fin du mois de décembre 1944, le chef de bataillon Frémont, commandant le 1er bataillon du 41e Régiment d'infanterie. On se souvient que dans une compagnie de ce bataillon se trouvait Louison Bobet, que le 41e régiment, recréé en août 1944, portait le titre de « régiment de Rennes » et qu'il appartenait à la 19e division, grande formation comptant plus de 12 000 Bretons, tous volontaires pour libérer leur terre. Frémont commence ainsi son rapport : « *Cadres et troupes sont très soudés ; les chefs sont près des hommes, sans démagogie : ils partagent avec eux joie, peine, fatigue et moments de détente. Il y a une grande confiance entre les hommes et les chefs qu'ils se sont choisis dans le maquis.* » Dans la suite du texte, le chef de bataillon se fait plus critique quand il aborde les questions matérielles : « *Si le moral est bon, ce n'est pas qu'il y a eu une amélioration des conditions de vie matérielles du soldat... il faut qu'en haut lieu on se persuade qu'il est nécessaire d'assurer un minimum de bien-être matériel et physique aux hommes.* » Ensuite – après avoir signalé au passage l'apathie et la méfiance de la population à l'égard des jeunes patriotes qui, après avoir rapidement fourni une reconnaissance de dette, n'hésitaient pas à dévaliser les parcs à huîtres du bras de mer de Locoal-Mendon (au nord d'Etel) ou de la région de Marennes –, le chef énumère les principales carences : mauvais état du matériel roulant en raison de l'absence de pièces de rechange pour effectuer les réparations, armement hétéroclite, moyens de combat insuffisants et pénurie alimentaire. Il conclut son rapport par ces mots : « [...] *la patience s'émousse, on doit s'en rendre compte en haut lieu. Nous tenons les hommes avec quelques réalisations et surtout beaucoup de promesses. Nous voulons nous battre et nous demandons pour cela les outils qui nous sont nécessaires.* »

Vivre comme les animaux

On retrouve la même analyse dans le rapport du capitaine Sommet, qu'on peut lire dans l'ouvrage de Luc Braeuer intitulé *L'Incroyable Histoire de la poche de Saint-Nazaire*. Dans ce texte, rédigé en fin décembre 1944, le capitaine du 2e bataillon de FFI de la Vienne, unité seulement constituée d'engagés volontaires, rebaptisé, à la fin du mois d'octobre, 4e bataillon du 125e RI, écrit : « [...] *Le moral est excellent en lignes. Le manque d'équipements [ces combattants avaient la même tenue au front que celle qu'ils portaient dans le maquis] et d'armes individuelles n'entame pas le courage des hommes, leur allant et leur esprit de sacrifice... Les hommes sont souvent déçus par l'accueil qui leur est réservé dans les localités où ils descendent au repos. Les soldats ne comprennent pas que les civils montrent si peu d'empressement à les recevoir.* »

L'hiver de 1944-1945 était excessivement dur et c'est par des températures de moins 10 °C et dans la neige que les FFI, engagés volontaires pour la durée de la guerre, fêteront Noël sur le pourtour des poches.

Bien que bénéficiant de meilleures conditions que les soldats français, les soldats américains avaient dû eux aussi apprendre, comme l'explique Randolph Bradham, « *to live as animals lived, to stay quiet and burrow in the ground* » (à vivre comme vivent les

CI-DESSUS
L'INCONFORT DE LA VIE DANS LES CABANES.

CI-DESSOUS
INSIGNE DU 1er BATAILLON FFI.

Jugement du général de Larminat sur les combattants FFI

« Organisés, équipés et armés pour le harcèlement, le sabotage, la guérilla, nos maquis de l'Ouest et du Sud-Ouest se sont trouvés, en septembre 1944, après avoir libéré leurs départements respectifs, en présence des forteresses de l'Atlantique, bardées de béton et de champs de mines, hérissées de canons, défendues par des combattants expérimentés, nombreux et résolus. Ils ont dû, manquant de tout, en tenir le blocus [...]. Dans le dénuement, ils contenaient durement l'ennemi [...]. Ainsi, bien qu'étayées par des renforts venus de partout, nos unités de l'Atlantique ont pu magnifiquement combattre au jour attendu de l'attaque décisive, tailler en pièces l'ennemi et l'acculer à la capitulation après lui avoir infligé de lourdes pertes [...] »
Extrait du *Livre d'or des forces françaises de l'Ouest*, 9 juin 1947.

CI-CONTRE
LA DURE VIE DES MAQUISARDS.

animaux, à garder le silence et à s'enterrer dans le sol). Le sergent américain ajoute qu'il lui fallut apprendre à faire le moins possible de mouvements pour éviter de s'exposer au tir de l'ennemi, à supprimer tout objet pouvant refléter le soleil et donner un repère à l'adversaire. La monotonie de cette vie était brisée par la participation aux patrouilles, par les combats localisés et par les trêves destinées à l'échange des prisonniers ou à l'évacuation des populations civiles par camions ou par trains. L'interminable cauchemar prenait fin, après 277 jours de guérilla meurtrière, non en raison d'une décision sur le terrain, autrement dit de victoire militaire – sauf à Royan-Oléron-Grave –, mais en raison de la capitulation de l'Allemagne et de l'ordre donné par Dönitz aux commandants de forteresses de cesser le combat.

À DROITE
FANTASSINS AMÉRICAINS EN PATROUILLE.

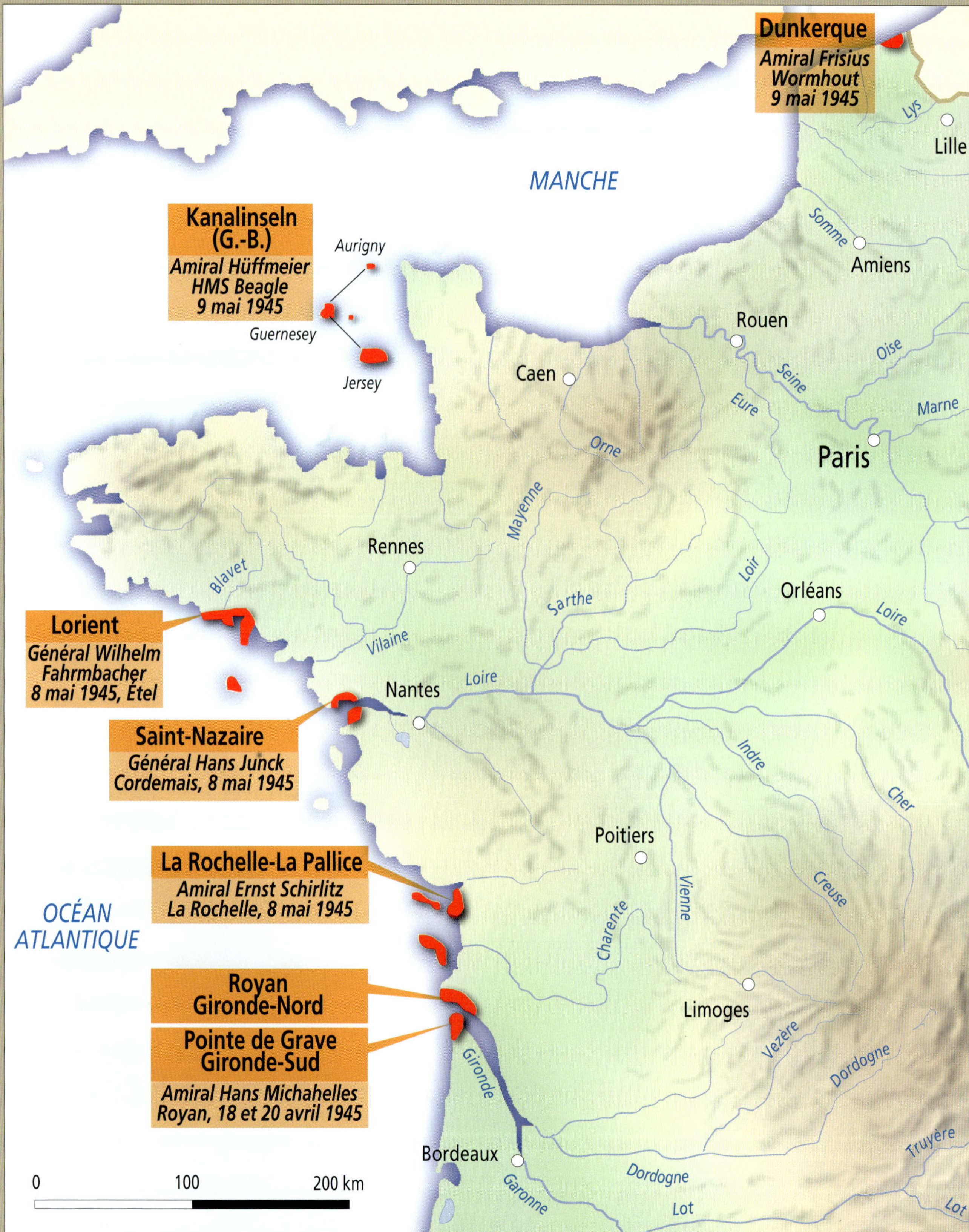

LES REDDITIONS DES POCHES (MAI 1945)

LES REDDITIONS DES POCHES (MAI 1945)

A la différence de la capitulation signée à Reims le 7 mai et confirmée le lendemain à Berlin, il n'existe pas pour l'ensemble des poches un document unique de reddition, mais une série de protocoles séparés, un peu comme si chaque force d'encerclement voulait enregistrer, pour l'Histoire, sa propre victoire. Si on ajoute à cette suite d'actes de capitulation, les cérémonies officielles civiles ou religieuses, les défilés militaires tantôt américains tantôt français ainsi que les réjouissances publiques, il y a de quoi s'y perdre.

CI-CONTRE
ARRESTATION SUR LE TERRITOIRE DU REICH DE L'AMIRAL DÖNITZ, DU MINISTRE SPEER ET DU GÉNÉRAL JODL.

Avant d'entrer dans le détail, il faut se souvenir que la nouvelle armée française – aussi bien celle de De Lattre, qui se bat en Allemagne, que celle de De Larminat, sur le front de l'Atlantique – est intégrée dans le Corps expéditionnaire allié et, qu'à ce titre, elle est placée sous le commandement du général Eisenhower. Il n'y a donc pas lieu de s'étonner, alors que numériquement les unités françaises l'emportaient sur les forces américaines, que les Américains aient mené les cérémonies et reçu les capitulations lors des redditions de Lorient et de Saint-Nazaire. Naturellement, dans les deux forteresses, lors des manifestations, la France, qui avait pris une part active dans la mêlée, sera présente aux côtés du général Kramer.

Royan

La série des redditions commence à Royan le 17 avril, à la suite de l'opération Vénérable, avec la capitulation de l'amiral Hans Michahelles et se poursuit jusqu'au 20 du même mois avec la prise de la pointe de Grave. Ensuite, c'est au tour de l'île d'Oléron de déposer les armes à la suite d'un débarquement mené dans le cadre de l'opération

CI-CONTRE **PRISONNIERS ALLEMANDS EN ROUTE VERS UN CAMP D'INTERNEMENT.**

CI-DESSOUS LÜNEBURG : cérémonie de la capitulation partielle de la *Wehrmacht*, le 4 mai 1945, au QG du 21e groupe d'armées alliées commandé par le maréchal Montgomery. Le représentant du gouvernement provisoire de l'amiral Dönitz, constitué la veille, était le vice-amiral Hans Georg von Freidenburg (reconnaissable à sa casquette au centre de la photo). L'acte de capitulation ne concernait que les armées allemandes présentes aux Pays-Bas, au Danemark et en Allemagne du Nord. En tant que dernier des commandants des sous-marins et de la *Kriegsmarine*, l'amiral von Freidenburg signera également l'acte de capitulation, le 7 mai, à Reims.

Jupiter qu'Henri Amouroux a justement qualifiée « d'aventure inutile ». Le 30 avril au soir, les troupes françaises capturaient le commandant de la garnison allemande de l'île de Ré, un capitaine de corvette placé sous les ordres de l'amiral Schirlitz. Le 7 mai, *die Bezatzungen* (les forces occupantes) apprenaient par message radio la capitulation sans conditions, à Reims, signée par le général Gustav Jodl, chef d'état-major de la *Wehrmacht*, de toutes les forces allemandes sur les différents fronts avec début du cessez-le-feu à 13 h 30 et arrêt des hostilités le 9 mai, à 0 h 01. Alors, sur le littoral de l'Atlantique et de la mer du Nord, les parties en présence tentaient progressivement de reprendre des négociations bloquées depuis des mois. Il en était de même en Manche, à bord d'un navire de guerre britannique, entre les autorités anglaises et les représentants de l'amiral Hüffmeier, le *Festungskommandant des Kanalinseln* (îles anglo-normandes). Cependant, les tirs d'artillerie se poursuivront dans les secteurs de Lorient et de Saint-Nazaire à cause, d'une part, des longs délais dans la transmission des ordres de cessez-le-feu entre Berlin et les forteresses du littoral, et, d'autre part, de la nécessité d'avoir plusieurs entrevues, car les premières délégations allemandes envoyées par les généraux Fahrmbacher et Junck pour négocier avec les Alliés n'avaient pas l'autorité pour signer une *unconditional surrender* (capitulation sans conditions). Dans son dernier communiqué, diffusé le 8 mai à midi pile sur les ondes de radio Berlin, l'OKW, reprenant les messages de la veille en provenance des différents fronts, informait ses auditeurs que, si la journée du 7 mai avait été calme en Norvège ou en Courlande, il n'en avait pas été de même sur la côte atlantique, où, dit le bulletin d'information : « *Artillerie der Atlantik-Festungen bekämpfte feindliche Batterien...* » (l'artillerie des forteresses de l'Atlantique a lutté contre les batteries ennemies...).

La Rochelle

A La Rochelle, après les pourparlers préliminaires menés au château de la Jarne, la cérémonie de reddition se déroulait le 8 mai au matin, avec la remise par le contre-amiral Schirlitz de ses pouvoirs au colonel Chêne suivie de l'entrée des troupes françaises dans la cité. Tôt, le lendemain matin, sur le port de La Pallice, l'amiral Schirlitz signait l'acte officiel de capitulation et remettait ses armes au commandant de marine Hubert Meyer. Après cette brève et dernière rencontre entre les deux hommes, alors qu'un régiment de zouaves débarquait sur l'île de Ré et capturait le commandant de la garnison, la Marine nationale prenait possession de la base sous-marine intacte de La Pallice.

Dunkerque

Sur la mer du Nord, à Dunkerque, le 8 mai, dans la matinée, un message radio provenant de l'OKW annonçait au vice-amiral Friedrich Frisius, commandant de la poche, qu'il devait se rendre. L'après-midi de ce même jour, deux plénipotentiaires alliés se présentaient au QG de Frisius pour remettre à l'amiral un message personnel du général Liska, contenant les instructions pour la suite des événements. Le lendemain, 9 mai, l'amiral se rendait au point de rendez-vous et, de là, il était transporté au PC du général tchèque situé dans un ancien manoir (aujourd'hui détruit) sur la commune de Wormhout. Dans la salle étaient présents des officiers tchèques, britanniques et français, dont le colonel Lehagre commandant du détachement FFI, ainsi que des correspondants de guerre alliés. Le lendemain, après une cérémonie au cours de laquelle il rendait hommage à tous les combattants alliés du front de Dunkerque, le général Liska remettait ses pouvoirs au général britannique Walter. Dans les jours qui suivaient, la brigade tchèque traversait la France, puis l'Allemagne en ruine et retrouvait le sol national vers le 20 mai. Le jour du départ de la brigade, la garnison allemande (environ 8 000 hommes) se rassemblait afin de prendre le chemin des camps de prisonniers. Demeuraient dans la poche près de 4 000 soldats chargés du déminage et des travaux de déblaiement. C'est seulement le 18 mai que les autorités militaires britanniques remettaient les installations portuaires de Dunkerque totalement détruites aux forces françaises pour le moins impatientes !

CI-DESSUS
SAINT-POL-SUR-MER :
soldats demeurés dans la poche après sa reddition pour effectuer des opérations de nettoyage et de déminage.

CI-CONTRE
WORMHOUT :
cérémonie commémorative devant la plaque rappelant la reddition du vice-amiral Frisius.

CI-CONTRE
ADINKERQUE :
tombes des soldats tchèques morts lors du siège de Dunkerque.

Saint-Nazaire

CI-DESSUS
SAINT-NAZAIRE : officiers allemands saluant les personnalités alliées à leur arrivée sur le lieu de la signature de l'acte de reddition.

À DROITE
LES GÉNÉRAUX KRAMER ET CHOMEL, ET LE COLONEL ADELINE.

À DROITE
SAINT-NAZAIRE-CORDEMAIS : la délégation composée de trois officiers allemands représentant le général Junck, commandant la forteresse de Saint-Nazaire, prend connaissance des conditions de la capitulation.

A Saint-Nazaire, comme ailleurs, le 7 mai étaient pris les premiers contacts entre Alliés et Allemands. Le lendemain, en fin d'après-midi, dans une cour (identifiée par une plaque commémorative) du bourg de Cordemais, village traversé par la ligne de front, les négociateurs (représentants du général allemand Hans Junck, représentants du général Kramer, commandant de la 66e division US, et représentants du général Chomel, commandant de la 25e division FFI) se retrouvaient pour signer l'acte de capitulation. Aujourd'hui, on peut aisément revivre la scène de la reddition grâce aux photos figurant sur le site Internet de la mairie de Cordemais. Il était mentionné dans le texte que l'occupant ne devait se livrer à aucun acte de destruction à l'intérieur de la base sous-marine de Saint-Nazaire et qu'il devait procéder à l'enlèvement des mines et obstacles ainsi qu'au comblement des fossés antichars empêchant l'accès au port. La cérémonie officielle de la reddition avait lieu dans la matinée du jeudi 11 mai. Ce long délai entre la signature de l'acte et la manifestation s'explique par la nécessité de donner aux Allemands le temps d'effectuer les divers travaux de sécurité demandés par les Alliés. La cérémonie de reddition se déroulait dans le Grand Clos, vaste prairie servant d'hippodrome au bourg de Bouvron, village situé au nord de la Loire, à mi-chemin entre Nantes et Saint-Nazaire. Au cours de la manifestation, le général Junck remit son pistolet au général américain Kramer accompagné du général Chomel, tous les deux escortés d'officiers d'état-major et de quelques officiers du 8e régiment de cuirassiers.

CI-CONTRE
LORIENT :
Reddition de soldats allemands.

Lorient

A Lorient, autre poche située sous commandement américain, le déroulement des négociations fut tout à fait similaire à ce qui se passait, au même moment, à Saint-Nazaire. Après avoir traversé sur un canot la ria d'Etel, les parlementaires allemands prenaient connaissance, dans un café, des termes de l'acte de reddition, dont les clauses étaient tout à fait identiques à celles posées aux plénipotentiaires de Cordemais. Ce même jour, dans la poche, le général Fahrmbacher, commandant de la place forte donnait l'ordre à ses troupes de détruire « *alle Befehle, Anweisungen, Berichte, Meldungen, Seekarten, Pläne, Skizzen, Photos usw...* » (tous les ordres, instructions, rapports, comptes-rendus, cartes marines, plans, croquis, photos, etc.). Le lendemain, 8 mai, à Etel était signé l'acte de reddition. Quant à la cérémonie officielle de la capitulation des troupes allemandes, elle eut lieu le 10 mai, dans un champ du village de Caudan, bourg situé au nord de Lorient, à mi-chemin entre Hennebont et Pont-Scorff, traversé, comme Cordemais, par la ligne de front. Comme à Saint-Nazaire, les Allemands, général Fahrmbacher en tête, accompagné de l'amiral Hans Mirow et de plusieurs officiers d'état-major, retrouvaient face à eux le général américain Herman F. Kramer et un officier supérieur français, le général Borgnis-Desbordes, commandant la 19e division FFI, accompagné de divers officiers du détachement de l'armée de l'Atlantique. Chacun peut retrouver, sur le site Internet Dailymotion, les deux films (11 min) tournés par un *cameraman* de l'*US Army Signal Corps* et consacrés à la reddition de la garnison de Lorient. Le premier montre les diverses rencontres, le 7 mai, entre Américains et Allemands

CI-DESSUS
LORIENT :
évacuation des civils.

CI-DESSOUS
LORIENT-BELZ :
officiers allemands signant l'acte de capitulation de la forteresse de Lorient devant le colonel américain John W. Keating.

contraints de traverser le bras de mer que constitue la ria d'Etel, à bord d'une barque pilotée par un pêcheur breton. Le second, tourné le 10 mai, est centré sur la joie des habitants au moment de l'entrée des troupes alliées dans la ville et sur la cérémonie officielle de la reddition. Selon les témoins, le général Fahrmbacher saluait le général américain « *but did not salute* » (mais ne saluait pas) le général Borgnis-Desbordes. Des redditions isolées auront lieu dans l'île de Groix (11 mai) où se trouvaient 700 soldats allemands ainsi qu'à Belle-Ile. Là, le commandant Rudolf von Beckerath, facteur d'orgues dans le civil qui avait appris son métier près d'un célèbre facteur parisien dans les années 1930, se rendait sans difficulté aux troupes américaines. Le 11 mai, à 10 h 30 du matin, « *the war was over* » et, de l'autre côté : « *der Krieg war zu Ende* » (la guerre était finie).

CI-CONTRE
LORIENT :
Scène de fraternisation entre civils et soldats américains.

En prenant possession de la base sous-marine de Lorient, les autorités alliées, à leur grande surprise, trouvaient une trentaine de bâtiments dans les alvéoles (sous-marins, dragueurs, patrouilleurs, vedettes rapides, remorqueurs en bon état). Pour la répartition du matériel, une convention était signée entre Américains et Français : selon cet accord, tout le matériel récupéré appartenait aux Nations Unies sauf celui qui, d'origine française, aurait été saisi par la puissance occupante ou encore celui qui aurait été construit en France sur commande des Allemands. Ce principe exigeait de faire un inventaire afin de

CI-CONTRE
LORIENT :
libération de la ville et défilé des troupes américaines.

CI-CONTRE
LORIENT :
rencontre des civils avec les Panthermen (surnom donné aux soldats de la 66e division US).

CI-DESSOUS
APRÈS LA LIBÉRATION, EN MAI 1945, DES PORTS OCCUPÉS PAR LES ALLEMANDS, LE GÉNÉRAL DE GAULLE FAISAIT UN VOYAGE EN BRETAGNE.
A Lorient, où il arrivait le 22 juillet, après une visite de Brest, il traversait à pied la cité gravement sinistrée où il était accueilli par une foule nombreuse, puis se rendait dans la base sous-marine.

pouvoir juger de l'attribution du matériel saisi. A la demande de la France, l'inventaire commençait par la base sous-marine et ses annexes, puis les deux arsenaux (rive droite et rive gauche), l'hôpital maritime, la Citadelle, l'école de radio, la station de démagnétisation, les batteries côtières, les îles. En outre, la France (le 2e Bureau du commandant de la Marine de Lorient) réclamait de pouvoir disposer à des fins d'interrogatoire, de tous les officiers de la *Kriegsmarine.*

Louison Bobet

Engagé volontaire pour défendre sa terre bretonne, notre fantassin participait, le 10 mai, aux cérémonies de la libération de Lorient, puis, un mois plus tard, au défilé militaire du 18 juin, à Paris, en l'honneur du cinquième anniversaire de l'appel du général de Gaulle. Le 15 octobre suivant, la 3e compagnie (ex-12e) était dissoute : les engagés volontaires qui le souhaitaient pouvaient rester dans l'armée, ce qui était le cas du capitaine Jubin qui commandait, depuis sa création dans la campagne d'Ille-et-Vilaine, la 3e compagnie, à condition qu'il renonce à ses galons de capitaine FFI et qu'il entre dans l'armée régulière comme sous-lieutenant.

CONCLUSION

Alors que les soldats allemands des poches gagnaient les camps de prisonniers, la 66e division d'infanterie US, après un séjour de plus de quatre mois en Bretagne, prenait le chemin de l'Allemagne suivie d'ailleurs de la 19e division du général Borgnis-Desbordes. Pour les engagés volontaires commençait une nouvelle aventure.

S'il y avait 95 000 soldats allemands dans les poches en septembre 1944, il y en avait autant au moment de la reddition ou peu s'en faut, si l'on excepte les tués au combat, les prisonniers et les déserteurs. Il est donc totalement inutile, ou en tout cas superflu, de

PAGE DE GAUCHE
ROYAN :
ruines d'une église de la ville.

CI-DESSUS
PRISONNIERS ALLEMANDS À LORIENT.

CI-CONTRE
PRISONNIERS ALLEMANDS AU TRAVAIL SUR UNE BASE SOUS-MARINE.

tenter un décompte détaillé des prisonniers par poches. Dans ses *Mémoires de guerre* (tome III), de Gaulle avance le chiffre de 5 000 soldats allemands tués dans les poches de l'Ouest et de 85 000 prisonniers.

Pour les forces françaises, les opérations contre la poche de Royan-île de Ré-île d'Oléron et Médoc (ou pointe de Grave) furent de loin les plus meurtrières de toute la campagne sur l'Atlantique. Selon Henri Amouroux, ces opérations ont entraîné la mort de 350 soldats et d'un nombre bien supérieur de civils demeurés dans la ville, au moment du bombardement, au début janvier 1945. Ces 350 soldats, dont un tiers sont des musulmans, ont été inhumés dans la nécropole de Rétaud, située à une dizaine de kilomètres au sud-ouest de Saintes. Pour Lorient et Saint-Nazaire, on peut estimer les pertes militaires (tués, blessés, prisonniers) à un millier d'hommes se répartissant à peu près également entre les deux poches. A Dunkerque, le nombre de soldats tués est évalué à un peu moins de 300 hommes (167 tués, 460 blessés et 40 disparus sur 6 000 soldats tchèques, et 120 tués et 30 disparus pour les 4 500 FFI).

Après avoir participé aux fêtes de la Libération et avoir été acclamée par les habitants de Lorient et de Saint-Nazaire, la 66e division était relevée par des *French Forces*, le 18 mai, à Lorient et deux jours plus tard à Saint-Nazaire. L'unité américaine avait perdu, y compris les 800 disparus lors du naufrage de la nuit de Noël, un peu plus de 2 200 hommes. Après avoir séjourné en Allemagne où elle avait été transportée, dès la fin du mois de mai, dans la région de

CI-DESSOUS
LORIENT :
la ville a beaucoup souffert des bombardements aériens et des tirs d'artillerie alliés.

CI-DESSUS
ROYAN :
La ville et le port en ruine.

Koblenz, la division recevait l'ordre de rejoindre Marseille. Sa nouvelle mission était de construire d'immenses camps de baraquements avec hôpitaux, cliniques, salles de cinéma, terrains de sport et de s'occuper de la nourriture, de l'hébergement et des distractions pour les 40 000 hommes devant arriver chaque mois en transit avant de gagner le théâtre d'opérations du Pacifique. Le lancement de la bombe atomique, suivi de la reddition du Japon, entraînait la fermeture des camps à partir de la mi-septembre. La division regagnait les Etats-Unis, à la fin du mois d'octobre.

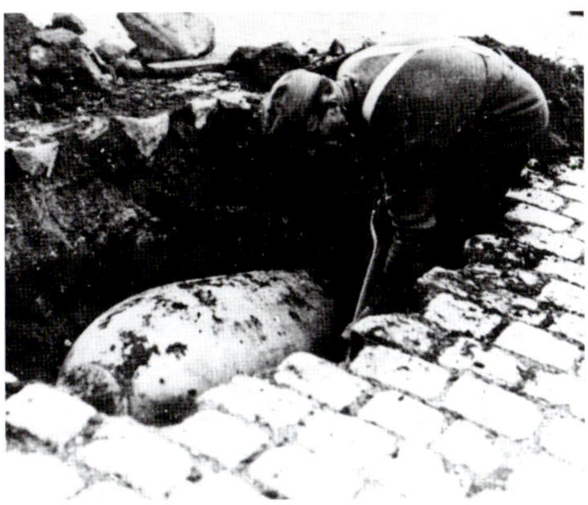

CI-CONTRE À GAUCHE
LORIENT :
enlèvement d'une bombe non éclatée.

CI-CONTRE À DROITE
CÉLÉBRATION DE L'ANNIVERSAIRE DE LA LIBÉRATION DE DUNKERQUE
en compagnie des vétérans tchèques (2005).

ANNEXES

Que sont-ils devenus ?

Général Herman Frederick Kramer
Une fois signées les redditions de Lorient et de Saint-Nazaire, le général Herman F. Kramer quittait la Bretagne pour l'Allemagne où il était nommé gouverneur de la région de Koblenz. Après quelques semaines en Allemagne, il regagnait les Etats-Unis pour une nouvelle mission sur le théâtre d'opérations du Pacifique. Nommé à la tête de la 97e division d'infanterie, il passait quelque temps dans les Philippines, puis partait avec son unité occuper la région de Yokohama, au Japon. Il prenait sa retraite en 1947.

Général Aloïs Liska
Venu en France, en 1940, avec son régiment d'artillerie dont il était le commandant, le général Liska devait gagner l'Angleterre où il prenait le commandement de la *Czechoslovak Independant Armoured Brigade*. Devenue par la suite 1re brigade blindée tchèque, forte de plus de 4 000 hommes, l'unité débarquait en Normandie, participait à la bataille de Falaise aux côtés des Canadiens et des Polonais, puis gagnait Dunkerque où elle trouvait les bataillons FFI du colonel Lehagre. Après avoir reçu la capitulation l'amiral Frisius, le général Liska rejoignait son pays et retrouvait sa famille de retour des camps de concentration. Après la prise du pouvoir par les communistes, en 1948, il dut fuir son pays pour échapper aux purges visant notamment tous les officiers qui avaient combattu aux côtés des alliés occidentaux. Il s'exila donc en Angleterre, dans la banlieue londonienne, où il mourut en 1977. Il aura fallu attendre 1991, après la chute du bloc de l'Est, pour que son pays lui rende enfin l'hommage qu'il méritait.

CI-CONTRE
LE GÉNÉRAL ALOÏS LISKA, COMMANDANT LA 1re BRIGADE TCHÈQUE, DEVANT DUNKERQUE.

Général André Borgnis-Desbordes
Fondateur de la 19e division, unité constituée de FFI bretons, le général Borgnis-Desbordes, après avoir combattu avec succès contre les forces d'occupation dans le secteur de Lorient, faisait mouvement avec sa formation vers l'Allemagne pour participer à l'occupation du pays vaincu. Au grand regret de son commandant, la 19e division était dissoute à la fin du mois de février 1946. Quant au général, il poursuivit sa carrière militaire dans l'armée et partit à la retraite avec le grade de général de corps d'armée. Il est décédé à Versailles en 1982.

Général Henri Adeline
Après avoir pris le commandement des maquis de Dordogne, libéré Bordeaux et Royan, ce qui lui vaudra d'être décoré de la Croix de la libération, le colonel Adeline était nommé général, le 8 mai 1945. Une fois la guerre achevée, il continua sa carrière d'officier supérieur en Algérie et en France. L'auteur de l'ouvrage de référence intitulé *La Libération du Sud-Ouest : Bordeaux-Royan-La Rochelle (août 1944-mai 1945)* prit sa retraite en 1955 et mourut dans un accident de voiture en 1971.

Général Raymond Chomel

Organisateur de la brigade « Charles Martel », le colonel Chomel menait avec ses volontaires FFI, en collaboration avec la 83e division d'infanterie US, une véritable guérilla contre la colonne en repli commandée par le général allemand Botho H. Elster. Aux côtés des Américains, il participait aux négociations qui aboutiront à la signature par le général Elster d'un acte de capitulation, à la préfecture d'Issoudun, le 10 septembre 1944. Ensuite, on connaît le travail effectué par la 25e division FFI sur le front de la forteresse de Saint-Nazaire et par son commandant reconnaissable à ses petites lunettes rondes et à sa moustache. Dans son ouvrage, Randolph Bradham rend hommage au général français « *[...] General Chomel was at General Kramer's side when the Germans at Lorient and Saint-Nazaire surrendered* » (le général Chomel était aux côtés du général Kramer quand les Allemands se rendirent). Plus tard, le général Chomel devait participer à la guerre d'Indochine et assurer le commandement des forces françaises d'occupation en Allemagne.

Amiral Hubert Meyer

Superbement racontée dans l'ouvrage de Robert Kalbach et Olivier Lebleu paru en 2007 chez Geste éditions, la passionnante histoire de Schirlitz et Meyer ne sera ici qu'évoquée à grands traits. Une fois la guerre achevée, Meyer était d'abord nommé commandant du port de La Pallice, puis, après une mission militaire au Liban et en Egypte, au Caire, il était appelé à Paris pour participer aux négociations sur la CED. Déçu par l'échec de ce projet, premier pas vers une collaboration militaire franco-allemande, il quittait la Marine. De retour dans son pays, Hubert Meyer devenait maire de Royan, à la fin des années 1950. Il quitte définitivement les affaires publiques en 1965 pour écrire plusieurs ouvrages. En 1976, il fait un voyage en Allemagne et retrouve, plusieurs décennies après la fin du conflit, l'amiral Schirlitz, à Kiel. L'auteur de l'ouvrage *Entre marins* devait mourir dans un accident d'automobile en 1978.

Amiral Ernst Schirlitz

Après la signature de l'acte de reddition, le matin du 9 mai, sur le port de La Pallice, l'amiral Schirlitz était conduit dans un camp de prisonniers pour officiers, près de Cognac. Par la suite, il devait être transféré dans plusieurs autres camps disséminés sur le territoire français avant d'être enfermé dans la forteresse du Hâ, à Bordeaux, pour être jugé par un tribunal militaire pour crimes de guerre. Reconnu non coupable grâce à différents témoins, dont le général Adeline et l'amiral Hubert Meyer, qui déposeront en sa faveur, Schirlitz pouvait regagner l'Allemagne et retrouver sa famille, à l'automne de 1947. Il en était de même pour le contre-amiral Hans Michahelles, accusé lui aussi de crimes de guerre et qui sera acquitté. L'amiral Schirlitz meurt en 1978, la même année qu'Hubert Meyer.

Général Wilhelm Fahrmbacher

Après sa reddition, dans un champ, sur la commune de Caudan (Morbihan), le général bavarois était emmené dans un camp : « [...] *Anschliessend kam er zunächst in amerikanische, dann in französische Kriegsgefangenschaft aus der er an 10. August 1950 entlassen wurde* » (ensuite, il se retrouvait prisonnier de guerre chez les Américains, puis chez les Français, qui le libéraient le 10 août 1950), lit-on dans son ouvrage. A peine rentré en Allemagne, il était contacté par un ancien collègue pour aller travailler, comme beaucoup d'autres cadres de l'ancienne *Wehrmacht* et autres institutions hitlériennes, dans le monde arabe. Ainsi, Fahrmbacher arrivait-il, tôt en 1951, par avion au Caire et se mettait-il à la disposition du *König Faruks* (roi Farouk). Sa nouvelle mission consistait, avec d'autres généraux allemands, à organiser et conduire l'entraînement de l'armée égyptienne, après la défaite des armées arabes devant les forces israéliennes en 1948. A la suite d'un coup d'Etat militaire (1952) provoquant l'abdication du roi Farouk, le général Nasser prenait le pouvoir. Comme son frère, Nassiri, qui avait traduit en arabe *Mein Kampf*, Nasser était un admirateur de Hitler. En conséquence, les généraux allemands demeuraient en Egypte et Fahrmbacher conservait son poste de conseiller militaire à l'Etat-Major général de l'armée égyptienne, comme on peut le lire dans le journal *Der Spiegel* : « *Vom 15. Marz 1951 bis August 1958 war Wilhelm Fahrmbacher Militärberater des zentralen Plannunsstabes der Ägyptischen Armee* » (du 15 mars 1951 au mois d'août 1958, Wilhelm Fahrmbacher était conseiller militaire à l'Etat-Major central de l'armée égyptienne). Deux ans après la nationalisation du canal de Suez, il quittait l'Egypte et mourait en Bavière en 1970.

CI-DESSUS
PARIS, ARC DE TRIOMPHE, JUIN 1945 :
les généraux Eisenhower et de Gaulle.

Amiral Friedrich Frisius
Après avoir signé l'acte de capitulation au PC du général Liska, à Wormhout, le vice-amiral était transféré en Angleterre, dans un camp réservé aux officiers supérieurs du IIIe Reich. A la suite de sa libération, le 6 octobre 1947, Frisius regagnait l'Allemagne du Nord où il rejoignait son épouse. Après une expérience d'éleveur en Amérique du Sud, la famille Frisius regagnait l'Allemagne en 1970, année de la mort de l'amiral.

Commandant Rudolf von Beckerath
Après avoir passé quelque temps dans un camp de prisonniers américain, puis dans un camp français, l'ancien commandant de la garnison de Belle-Ile était libéré en mai 1946, soit un an après sa reddition. De retour à Munich, Beckerath qui avait appris son métier chez Victor Gonzalez, à Paris, avant la guerre, reprenait ses activités d'*Orgelbau* (facteur d'orgues) et ouvrait un atelier de construction tout en menant de savantes recherches sur l'instrument. Ayant acquis une réputation internationale, la firme Beckerath devait exporter ses orgues à travers le monde (Canada, Australie, Etats-Unis, Brésil, Japon, Inde, Pologne...) en même temps qu'elle procédait à la restauration d'orgues anciens. A sa mort en 1976, à l'âge de 71 ans, l'entreprise passait entre les mains de son épouse.

Louison Bobet
Il participait, le 10 mai, aux cérémonies de la libération de Lorient, puis, un mois plus tard, au défilé militaire du 18 juin à Paris, en l'honneur du cinquième anniversaire de l'appel du général de Gaulle. Après avoir porté à vélo les messages de la Résistance, il reprenait l'entraînement et participait à de nombreuses courses cyclistes. En 1947, il devenait coureur cycliste professionnel et participait, pour la première fois, au Tour de France.

CI-DESSUS

REDDITION DU CORPS D'ARMÉE DU GÉNÉRAL BOTHO HENNING ELSTER AU GÉNÉRAL AMÉRICAIN ROBERT C. MACON, COMMANDANT LA 83e DIVISION D'INFANTERIE APPARTENANT À LA 3e ARMÉE DE PATTON, À ISSOUDUN, LE 10 SEPTEMBRE 1944.

La cérémonie officielle de reddition des 19 605 soldats allemands aura lieu le 16 du même mois, à Beaugency.

Chronologie Allemands / Alliés

1944

Janvier

• Directive de Hitler sur la création des *Festungen*
• Débarquement allié en Italie (Anzio-Nettuno)

Juin

• Reddition de la *Festung* de Cherbourg (27 juin)
• Capture de Rome, première capitale européenne libérée
• Débarquement de Normandie
• Début de la grande offensive soviétique sur le front de l'Est

Août

• Bombardement de Lorient et de Saint-Nazaire par les Américains
• Combats devant Brest
• Reddition de la *Festung* de Saint-Malo
• Prise de contact de l'Etat-Major de l'armée française avec les maquis bretons
• Retraite de l'armée du général Kurt von der Chevallerie
• Décret du GPRF relatif à la dissolution des unités FFI
• Débarquement de Provence
• Fin de la bataille de Normandie
• Libération de Paris

Septembre

• Arrivée de l'amiral Frisius à Dunkerque
• Reddition des forteresses du Havre et de Brest
• Arrivée de la 94e division d'infanterie US à Lorient
• Voyage de De Gaulle à Saintes
• Libération de Bruxelles
• Lancement de la première fusée V2 sur Londres
• Armée américaine sur le Westwall (ligne Siegfried)
• Opération alliée sur Arnhem

Octobre

• Première évacuation de civils à Dunkerque
8 000 FFI sur le front de La Rochelle
• Offensive allemande sur Nostang
• Raid allié sur Uxem (Dunkerque)
• Offensive allemande en pays de Retz (Frossay)
• Signature d'une convention entre Schirlitz et Meyer (La Rochelle)
• Rapport du colonel Courtois (4e bataillon FFI)
• Débarquement britannique en Grèce
• Armée Rouge à Varsovie
• Suicide de Rommel

Novembre

• Rumeur d'une opération de débarquement allemand sur le front atlantique
• Radio Berlin : communiqué sur la capture du bourg de Sainte-Hélène
• Préparation de l'opération Indépendance (capture de Royan)
• Opération alliée sur Walcheren
• Progression rapide de l'armée Rouge vers le Reich

Décembre

• Attaque américaine sur Erdeven, Etel, Belz
• Attaque allemande sur La Sicaudais (Retz)
• Général américain Royce (*First Tactical Air Force*) au PC de De Larminat
• Offensive allemande dans les Ardennes (*Battle of the Bulge*)
• Rapports du commandant Frémont et du capitaine Sommet
• Dunkerque : raids allemands
• Naufrage du *Léopoldville* (Noël)
• Lancement de l'offensive allemande sur les Ardennes
• Offensive soviétique sur Budapest

1945

Janvier

- Départ de la 94e division et arrivée de la 66e division d'infanterie US
- 28 826 soldats français rattachés à la division américaine (Lorient-Saint-Nazaire)
- Premier bombardement aérien sur Royan
- Raid allemand sur Marans
- Evacuations de civils des poches
- Le 110e RI devient 51e RI (Dunkerque, colonel Lehagre)
- La 25e division (général Chomel) devant de Gaulle à Nantes
- Début d'une vaste offensive soviétique en direction du fleuve Oder éloigné de 500 km de la frontière polonaise
- Franchissement du Rhin par les troupes américaines

Février

- Mort au combat du marquis de La Fayette (8e régiment de cuirassiers)
- L'opération Indépendance devient opération Vénérable
- Bombardement des défenses allemandes de la pointe de Suzac par la *8th Air Force*
- Conférence de Yalta
- Bombardement de Dresde

Mars

- Arrivée sur le front de l'Atlantique de troupes coloniales
- Création de la 23e division d'infanterie (général d'Anselme)
- Fin mars, 56 000 soldats face à Lorient et Saint-Nazaire, dont 18 000 GI's
- Raid allemand sur Granville
- Entrée des Américains dans Köln
- Offensive soviétique en Bulgarie
- Puissantes attaques aériennes américaines sur Tokyo

Avril

- Dénonciation par de Larminat de la Convention Schirlitz-Meyer (La Rochelle)
- Multiples accrochages dans les secteurs de Lorient-Saint-Nazaire et communiqué de victoire à radio Berlin
- Bombardement de la presqu'île de la Hague par les canons allemands d'Aurigny
- Arrivée de la 2e DB sur le front de Royan
- Second bombardement aérien de Royan suivi d'une offensive terrestre
- Reddition de l'amiral Michahelles, *Festungskommandant* de Royan
- Bombardement des défenses allemandes de la pointe de la Coubre
- Victoire du colonel de Milleret en Médoc (pointe de Grave)
- Visite de De Gaulle à Royan et Grave
- Destruction par l'artillerie américaine de la batterie allemande de Pontchâteau
- Lancement de l'opération Jupiter (Oléron)
- Lancement de l'opération Blücher par Frisius à Dunkerque
- Torpillage par la *Royal Navy* de l'*U-486* responsable du naufrage du *Léopoldville*
- Vienne libérée par les troupes soviétiques
- Armée Rouge dans les faubourgs de Berlin
- Capitulation des armées allemandes d'Italie
- Mort de Mussolini
- Suicide de Hitler

Mai

- Début mai, signature d'une reddition partielle de la *Wehrmacht* à Lüneburg
- Préparation par les Américains d'une vaste offensive contre les poches de Lorient et Saint-Nazaire (opération Eclipse)
- L'amiral Schirlitz négocie sa reddition
- Négociations à Lorient et Saint-Nazaire avec les Américains et les Français
- Négociation entre Frisius et le général tchèque Liska à Dunkerque
- 8 mai : dernier communiqué radio de l'OKW
- 10 mai : départ vers Prague de la brigade blindée tchèque du général Liska
- 20 mai : départ vers l'Allemagne de la 66e division d'infanterie US
- Départ vers l'Allemagne de la 19e division du général Borgnis-Desbordes
- Dönitz succède à Hitler
- Capitulation des troupes allemandes de Hollande
- Signature de l'Acte de reddition militaire à Reims
- Capitulation sans conditions de l'Allemagne nazie à Berlin-Karlhost

■ A visiter

Lorient

Le Service de l'animation de l'architecture et du patrimoine installé dans l'hôtel Gabriel organise des visites du bloc 3 de la base sous-marine.

Batz-sur-Mer

Le musée du Grand Blockhaus situé dans l'ancien poste de direction de tir d'une batterie d'artillerie côtière allemande présente sur cinq niveaux une très intéressante exposition d'objets divers ainsi que des reconstitutions de scènes et un film d'archives. Le musée possède une importante collection de photographies que le conservateur met volontiers au service des auteurs.

Saint-Nazaire

La base sous-marine abrite aujourd'hui le sous-marin *Espadon* dans l'écluse fortifiée par la marine allemande.

La Rochelle

Situé dans l'ancien hôtel particulier d'Orbigny-Bernon, le musée d'Art et d'Histoire consacre à la Seconde Guerre mondiale et à la poche de La Rochelle un espace particulier.

Royan

Le musée du Patrimoine du pays royannais, installé dans les murs de l'ancien marché de Pontaillac, offre dans son exposition une place de choix à la poche de Royan (12 septembre 1944-17 avril 1945) ainsi qu'à la libération-destruction de la cité balnéaire.

Quiberon

Situé rue du Port-Haliguen, installé dans une maison particulière, le musée propose un voyage à travers l'histoire et la mémoire de la presqu'île de Quiberon.

Soulac-sur-Mer

Musée de la Forteresse du Nord-Médoc

Ce musée rappelle l'histoire de la place forte de la pointe de Grave (350 bunkers) à l'aide de nombreux documents et organise des visites des ouvrages allemands.

■ Sources

Le récit qui précède s'appuie sur des sources historiques officielles provenant des différents camps alors en présence. Pour savoir ce qui se passait du côté allemand, on a utilisé le *Kriegstagebuch des Oberkommandos der Wehrmacht* – Journal de guerre du haut commandement de l'armée allemande –, en abrégé KTB. Ces volumineux ouvrages donnent, pour chaque jour de guerre, une rapide synthèse des événements qui se sont déroulés sur les différents théâtres d'opérations. On voit ainsi apparaître, à partir de l'automne de 1944, dans les pages du KTB, un nouveau front, celui des *Festungen im Westen* (forteresses du front de l'Ouest) que nous appelons plus volontiers les « poches de l'Atlantique ». En plus du KTB, on a également consulté les *Wehrmachtberichte*, c'est-à-dire les bulletins d'information militaires diffusés chaque jour, à midi, sur les ondes de radio Berlin. Dans ces communiqués, le moindre petit succès militaire enregistré dans les forteresses, sur l'ancien mur de l'Atlantique, contre les forces alliées, en arrière de Lorient ou ailleurs, prend sur l'émetteur berlinois des proportions démesurées lorsqu'on confronte le communiqué allemand au compte-rendu figurant dans le Journal de guerre des troupes américaines. Deux autres documents nous fournissent de précieux renseignements sur la vie quotidienne des occupants enfermés dans les poches. Il s'agit, d'abord, du *Tagebuch* (Journal) rédigé par l'amiral Frisius, *Festungskommandant* de la poche de Dunkerque et, ensuite, du rapport écrit par le général Fahrmbacher, *Festungskommandant* de la base navale de Lorient, pendant sa captivité dans les camps français.

Beaucoup de choses ont déjà été écrites sur les poches ; il existe une pléthore d'ouvrages, mais, dans le lot, certains se détachent par la qualité de leur témoignage : on citera, d'abord, les ouvrages rédigés par les acteurs de premier plan,

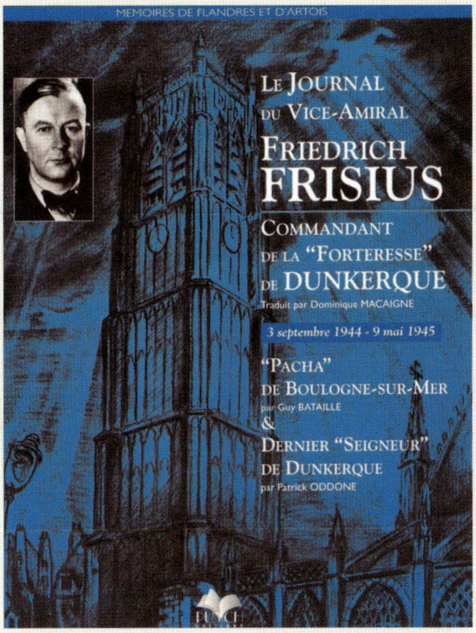

CI-CONTRE À GAUCHE **COUVERTURE DU JOURNAL DE L'AMIRAL FRISIUS, COMMANDANT DE LA FESTUNG DE DUNKERQUE, DANS SA TRADUCTION FRANÇAISE.**

CI-CONTRE À DROITE **COUVERTURE DU KRIEGSTAGEBUCH DES OBERKOMMANDOS DER WEHRMACHT.** L'ensemble de ces volumes (plus de 6 000 pages) constitue l'une des sources essentielles pour l'histoire de la *Wehrmacht* sur les différents fronts de la Seconde Guerre mondiale.

comme les *Mémoires de guerre* du général de Gaulle ; les *Chroniques* du général de Larminat, commandant en chef du détachement de l'armée de l'Atlantique ; *La Libération du Sud-Ouest* par le général Adeline, fondateur des maquis de Dordogne ; l'*Entre marins* du commandant Hubert Meyer ; ou *Les Poches de l'Atlantique* de l'archiviste de la Marine Jacques Mordal. Ensuite, on trouve des récits d'historiens comme ceux rédigés par Marcel Baudot, Henri Gayot, Etienne Dejonghe, Yves Le Maner, Christian Bougeard… ainsi que des livres de chercheurs passionnés d'histoire locale tels que Charles Genet, Luc Braeuer, Michel Gautier, Dominique Lormier, Fernand Guériff, Albert Chatelle. A côté de tous ces classiques, il convient de faire une place spéciale à quelques récents et excellents livres, en particulier celui de Robert Kalbach et Olivier Lebleu consacré aux « meilleurs ennemis », à savoir les amiraux Hubert Meyer et Ernst Schirlitz, duo qui a sauvé le port et la ville de La Rochelle ; celui de Christine Gachignard sur la vie quotidienne dans la poche rochelaise ; celui de Guy Binot sur Royan ; et, enfin, l'ouvrage de Patrick Oddone sur la forteresse de Dunkerque.

Du côté américain, on a utilisé l'excellent ouvrage rédigé par Randolph Bradham, un chirurgien-cardiologue qui, en 1945, était sergent dans la 66e division d'infanterie US. L'intérêt de ce livre intitulé *Hitler's U-Boat Fortresses* et paru au début des années 2000, est qu'il repose sur les Journaux de guerre et l'Historique des deux divisions d'infanterie américaines (94e et 66e) qui ont successivement monté la garde devant Lorient et Saint-Nazaire. On trouve un résumé en français du Journal de guerre de la 66e division (janvier à mai 1945) dans l'ouvrage d'Eric Rondel consacré aux poches de l'Atlantique de Lorient et Saint-Nazaire.

Du côté français, les collections d'archives du château de Vincennes demeurent une mine inépuisable. Le Service historique de la Marine possède de multiples documents sur les poches de l'Atlantique de même que la bibliothèque du Génie où l'on trouve une traduction des tableaux relatifs à la construction du mur de l'Atlantique provenant des *Festungspionier*, autrement dit du Génie de forteresse de la *Wehrmacht*. Quant au Service historique de l'armée de l'air, il a dans ses cartons de nombreuses photographies aériennes des poches prises par l'*US Air Force*, documents que l'on retrouve, en partie, dans les collections de l'IGN. Devenue incontournable, l'insondable bibliothèque qu'est Internet offre des informations instantanées dans tous les horizons (sites officiels du gouvernement français, de l'*US Army*, Fondation Charles de Gaulle, sites des mairies, des musées, etc.).

Archives

Bundesarchiv-Militärarchiv-Freiburg
Série RH19 IV/(Ob. West und H. Gr. D)
/115-116-117-118-120-122 :
Kampanweisungen für die Festungen Dünkirchen, Boulogne, Le Havre, Lorient, Brest, Saint-Nazaire, Royan
/119K-121K-123K : Kartenanlagen

National Archives, Washington DC
Führer directives and other Top level directives of the German Armed Forces, 1942-1945.
Office of Chief of Naval D Operations
Foreign Military Studies (RG 319)
Fahrmbacher Wilhelm (Gen. d. Art.), XXV A. K. (May 1942-May 1945), XXV Korps (May 1942-10 May 1945), MS-B-721, 117 pages
Gallenkamp Curt (Gen. d. Art.), Kurzer Überblick uber die Entwicklung des Atlantikwallbaues an der Biscayafront zwischen der spanischen Grenze u. der Loire, MS-C-022
Gallenkamp Curt (Gen. d. Art.), Die Inseln in der Biscayabucht zwischen der Girondemündung u. der Loire, MS-C-12
Gyldenfeldt Heinz von (Genlt.), Zur Vorgeschichte der Invasionkämpfe, MS-B-276
Mirow Konteradmiral Hans, U-Boat Dock Commandant, MS-B-479
Fact Sheet of the 94th I.D., RG 407, Nara, Washington

Archives militaires françaises, château de Vincennes
– **Service historique de la Marine.**
Le document essentiel pour la description des ouvrages allemands (photos, plans et croquis) est l'étude menée juste après guerre, sous le commandement de l'amiral Lemonnier, intitulée *Le Mur de l'Atlantique* (10 volumes).
Voir les vol. I, IV, V, VI, VII.
Voir également les cartons :
TT-T8 : Les poches de l'Atlantique, 1945.
Rapports divers du 2e Bureau et de la 19e division d'infanterie - Rapports périodiques du G2 de la *66th Infantry Division US*
TT-T8-7 : Synthèse de renseignements sur la forteresse de Lorient, plans
Archives Comar-Saint-Nazaire : Note sur l'installation allemande de La Pallice
Dossier TT-Marine-F9 : Les poches de l'Atlantique
Carton Marine Lorient : Beauchesne, L'occupation de la poche de Lorient. Section historique de la Marine, 1946, 19 pages
– **Service historique de l'armée de l'air**
Série D : armée de l'air française 1939-1945
Lorient 1940-1945. Traduction d'un rapport rédigé par les autorités allemandes d'occupation de la région lorientaise entre 1940 et 1945, traduit par le capitaine de frégate Aubertin, directeur du port de Lorient
Voir la sous-série 4D, documents sur les poches de l'Atlantique : Section d'interprétation photographique - Collection de photos aériennes de l'*US Air Force* concernant la Coubre, Royan, le Verdon, la pointe de Grave
– **Service historique du génie**
Carton 1 : L'*Atlantikwall* et les défenses de la côte méditerranéenne
– **Service historique de l'armée de terre**
Recueil de photos aériennes interprétées concernant les défenses allemandes de l'île d'Oléron, XXe Région militaire, EM, 2e Bureau, mars 1946

Sites Internet

Charles-de-Gaulle. org. (Site de référence de la Fondation Charles de Gaulle)

Lorient
www.cheminsdememoire.gouv.fr/page/affichepage.php?idLang=fr & idPage = 2885
www.spiegel.de/spiegel/print/d-21976659.html
www.museequiberon.port-haliguen.com
Dailymotion - Lorient Capitulates 1945 - 1 - une vidéo Amis et Famille
Dailymotion - Lorient Capitulates 1945 - 2 - une vidéo Amis et Famille
www.assoc.pagespro-orange.fr/memoiredeguerre/ffi35/7-pass-ftp-ffi.htm (FFi-19 DI-Lorient)

www.cheminsdememoire.gouv.fr/page/affichepage.php?idLang=fr & idPage = 2885
www.archives.lorient.fr/
www.histoquiz/lefrontdesoublies
www.museequiberon.port-halguen-com
www.pagesperso-orange.fr/memoiredeguerre/ffi35/23-locoal.htm

Saint-Nazaire
www.payscotentin.net/naufrages/leopoldville.php
www.histoquiz/lefrontdesoublies
www.history.army.mil/documents/eto-ob/ETOOB-TOC.htm
www.cheminsdememoire.gouv.fr/page/affichelieu.php?5031
www.cordemais.fr/module-Contenus-viewpub-tid-2-pid-10.html
www.grand-blockhaus.com

Royan-Oléron-Ré
www.cheminsdememoire.gouv.fr/page/affichepage.php?2679
www.cheminsdememoire.gouv.fr/page/affichepage.php?2712
www.cheminsdememoire.gouv.fr/page/affichepage.php?2825
www.ville-royan.fr/?page=culture/histoire/bombardement
www.cheminsdememoire.gouv.fr/page/affichepage.php?2886
www.college.interarmees.defense.gouv.fr/IMG/pdf/BOULARD_CC_B3_article_Tribune_v4.pdf
www.chars-français. net/new/
www.journaldesproprietaires.fr/Edition_Cote-Beaute/70/La-liberation-de-la-poche-de-Royan
www.tarbes.fr/docs/Histoire-RGTdeBigorre.pdf
www.ordredelaliberation.fr/fr_compagnon/234
www.ordredelaliberation.fr/fr_compagnon/5.html
www.pays-royannais-patrimoine.com/themes/histoire-histoires/liberation-de-la-poche-de-royan/
www.cheminsdememoire.gouv.fr/page/affichelieu.php?idLang=fr & idLieu = 1620 (nécropole de Rétaud)
www.cheminsdememoire.gouv.fr/page/affichelieu.php?idLang=fr & idLieu = 1620 (polémiques sur Royan)
www.cheminsdememoire.gouv.fr/page/affichepage.php?2825 (Grave)

La Rochelle
www.cheminsdememoire.gouv.fr/page/affichepage.php?2711
www.francois.delboca.free.fr/fsschirl.html
www.aquitaineonline.com/tourisme-sud-ouest/histoire-traditions/seconde-guerre-mondiale-liberation-les-poches-de-l-atlantique-2008050902.html

Pointe de Grave
www.libeptt.org/chemins % 20de % 20memoire. htm
www.cheminsdememoire.gouv.fr/page/affichecitoyennete.php?idLang=fr & idCitoyen = 13
www.vincent.mari.perso.sfr.fr
www.estuairegironde.net/doc/docu/defense.pdf

Dunkerque
www.mil.be/vox/subject/index.asp?LAN=fr & ID = 406 & MENU = 293 & PAGE = 6
www.cheminsdememoire.gouv.fr/page/affichepage.php?2884

Film

Dunkerque, la dernière forteresse de Hitler, film de 52 minutes réalisé par Jean-François Delassus pour France 3

Livres

Adeline Henri (général), *La Libération du Sud-Ouest : Bordeaux, Royan, La Rochelle (août 1944- mai 1945)*. Alger, 1948

Beauchesne M., *L'Occupation de la poche de Lorient*. Service historique de la Marine, château de Vincennes, 1946

Bertin François, *Saint-Nazaire sous l'Occupation*. Ed. Ouest-France, Rennes, 1999

Binot Guy, *Histoire de Royan et de la presqu'île d'Arvert*, Le Croît Vif, Editions Charentaises, Saintes, 1994

Binot Guy, « La libération de la poche de Royan » in *Le Journal des propriétaires – La côte de Beauté* n° 75, mars-avril 2005

Blanckaert Serge, *La Seconde Guerre mondiale à Dunkerque. Le siège le plus long, septembre 1944-mai 1945*. Dunkerque, 1976

Bradham Randolph, *Hitler's U-Boat Fortresses*, Praeger Publishers, Westport, Jackson, CT, 2003

Braeuer Luc, *L'Incroyable Histoire de la poche de Saint-Nazaire*. Musée du Grand Blockhaus, Batz-sur-Mer

Braeuer Luc, *La Poche de Saint-Nazaire, août 1944-mai 1945*. Musée du Grand Blockhaus, Batz-sur-Mer

Buton Philippe, *La France et les Français de la Libération (1944-1945)*. Musée des Deux Guerres mondiales, BDIC, Paris, 1984

Chatelle Albert, *Dunkerque libéré (juin 1944- mai 1945)*. SILIC, Lille, 1954

Coffee Carol, *From Tanger to Triumph : an historical Memoir of the 66th Infantry Division in World War II*. Odyssey International, Houston, 1999

Dejonghe Etienne, *La Libération du Nord et du Pas-de-Calais*. Hachette, Paris, 1974

Dejonghe Etienne et Le Maner Yves, *Le Nord et le Pas-de-Calais dans la main allemande, 1940-1945*. La Voix du Nord, Lille

Desquesnes Remy, *La Défense allemande sur le littoral français 1941-1944 : Atlantikwall et Südwall*. Thèse de doctorat d'Etat, université de Caen, 2 vol.

Die Wehrmachtberichte 1939-1945, Band 3, *1. Jan. bis 9. Mai 1945*. Biblio Verlag, Osnabrück, 1989

Direction des Statuts et de l'Information historique, *Quarantième anniversaire de la libération du territoire français. Les dernières poches, 1945-1985*

Fahrmbacher Wilhelm (Gen. d. Art.) und Matthiae Walter, *Lorient : Entstehung und Verteidigung des Marine-Stützpunktes 1940-1945*, Prinz Eugen Verlag, Weissemburg, 1956. Ouvrage traduit en français par le capitaine de frégate Aubertin sous le titre : *Lorient 1940-1945*. Service historique de la Marine, Vincennes

Frémont (commandant), Rapport sur le moral du 1er bataillon du 41e RI (19e division), 21/12/1944. Voir le site Internet : Lorient

Gachignard Christine, *La Rochelle, poche de l'Atlantique – août 1944-mai 1945*. Rumeur des Ages, La Rochelle, 1987

Gamelin Paul, *Les Bases sous-marines allemandes de l'Atlantique et leurs défenses, 1940-1945*. Ed. des Paludiers, La Baule, 1981

Gaulle Charles de (général), *Mémoires de guerre*, tome III, *Le salut 1944-1946*. Librairie Plon, Paris, 1959

Gautier Michel A., *Portraits de guerre. Le pays de Retz à l'heure allemande*, Geste éditions, La Crèche, 2007

Gayot Henri, *Charente-Maritime 1940-1945 : occupation, résistance, libération*. La Rochelle, 1973

Gelezeau Alfred, *Le Cinquième Siège de La Rochelle septembre 44-mai 45*, Imprimerie Rochelaise, La Rochelle, 1952

Genet Christian et Moreau Louis, *Les deux Charentes sous l'Occupation et la Résistance*. Imprimerie Aubin, Poitiers, 1983

Guériff Fernand, *Saint-Nazaire sous l'occupation allemande*, Ed. des Paludiers, La Baule, 1974

Inventaire général des monuments et des richesses artistiques de la France. Commission régionale Charente-Poitou, canton île de Ré, 1977

Kalbach Robert et Lebleu Olivier, *La Rochelle septembre 44-mai 45. Meyer et Schirlitz, les meilleurs ennemis*. Geste éditions, La Crèche, 2007

Larminat Edgard de (général), *Chroniques irrévérencieuses*. Plon, Paris, 1962

Le Puth L. (ingénieur mécanicien), *Quelques souvenirs de la vie lorientaise de 1940 à 1945. Communication à l'Académie de Marine*, tome I, *1954-1955*. Service historique de la Marine, château de Vincennes

Lormier Dominique, *L'Epopée du corps franc Pommiès*. Ed. Granger, 1990

Lormier Dominique, *Les Poches de l'Atlantique : Médoc-Royan-île d'Oléron, île de Ré-La Rochelle 1944-1945*. Ed. Lucien Souny, Le Puy Fraud, Saint Paul

Mallmann Showell Jak P., *Hitler's U-Boat Bases*. Osprey Publishing, Oxford, 2003

Marcq Michel et Visse Jean-Paul, *Le Nord et le Pas-de-Calais, septembre 1944-mai 1945*. Lille, La Voix du Nord, 1994

Meyer Hubert (amiral), *Au secours de La Rochelle. Rochefort et Royan 22 août 44-9 mai 45*. Ed. des Cahiers de l'Ouest, Paris, 1955

Mordal Jacques, *Les Poches de l'Atlantique*. Presses de la Cité, Paris, 1965

Oddone Patrick, Bataille Guy, Macaigne Dominique, *Le Journal du vice-amiral Friedrich Frisius, commandant de la forteresse de Dunkerque, 3 septembre 1944-9 mai 1945*. Punch éditions, Wimille, 2002

Oddone Patrick, *Sur les chemins de la Libération. Dunkerque 1944-1945*. Presses universitaires du Septentrion, Villeneuve-d'Ascq, 2005

Patard Frédéric et Léonard Gérard, *Fortunes de mer autour du Cotentin*. Ed. Isoète, Cherbourg, 2009

Saint-Germain Jacques, *Ateliers et chantiers de France-Dunkerque. Les grands chantiers modernes au service de l'armement. La marine militaire et les ports maritimes*. Imprimerie J. C. Malochet, 1958

Sänke Neitzel, *Die deutschen Ubootbunker u. Bunkerwerften*, Bernard u. Graefe Verlag, Koblenz, 1991

Schramm Percy E., *Kriegstagebuch des Oberkommandos der Wehrmacht 1944/1945*. Tb. 1 u. 2. Jan. 1944-22. Mai 1945. Bernard u. Graefe Verlag, Munchen

Sébille Albert *et al.*, *Dunkerque et ses chantiers de construction navale. De l'origine à nos jours*. Ateliers et Chantiers de France, 1950

Stars and Stripes, The story of the US 94th I. D. Livret de la série G.I. Stories ETO. Paris, 1945

Stars and Stripes, The story of the US 66th I. D. Livret de la série G.I. Stories ETO. Paris, 1945

Tillon Charles, *Les FTP, soldats sans uniforme*. Ed. Ouest-France, Rennes, 1991

Williamson Gordon, *U-Boat bases and bunkers 1944-1945*. Osprey Publishing, Oxford, 2003

Remerciements

L'auteur remercie tout particulièrement les personnes suivantes qui, d'un côté ou de l'autre, ont contribué à la réalisation de cet ouvrage :

Mme Alliance
M. Jean-Luc Braeuer, conservateur du musée du Grand Blockhaus
M. Albert Buys de Dunkerque
M. Jean-Luc Delaeter de Dunkerque
M. A. Deram, président de l'office de tourisme de Wormhout
François Hanscotte, professeur, historien et journaliste
Olivier Hauray, germaniste et compositeur
Pierre Metsu, historien de Dunkerque
Charlotte Oden aux Editions Ouest-France

■ Table des matières

**5 • INTRODUCTION :
LES POCHES DE L'ATLANTIQUE**

**11 • NAISSANCE
ET RENFORCEMENT
DES FORTERESSES**
La directive du 19 janvier 1944 • 11
La directive du 17 août 1944 • 12
La directive du 4 septembre 1944 • 14

**17 • LES FORTERESSES
DE L'ATLANTIQUE (1944-1945)**
La *Festung* de Dunkerque • 18
La *Festung* de Lorient • 21
La *Festung* de Saint-Nazaire • 28
La *Festung* de La Pallice-
La Rochelle-Oléron-Ré • 34
Les *Festungen* de Royan et de la pointe
de Grave • 38

**41 • LES FORCES
D'ENCERCLEMENT DES POCHES**
GI's et maquisards bretons face
à Lorient et Saint-Nazaire • 41
Forces américaines en Bretagne • 41
*Organisation des forces de la
Résistance • 43*
Naissance des 19e et 25e divisions • 43
*Arrivée de la 66e division d'infanterie
US • 44*
FFI et FTP devant La Rochelle-Royan
et la pointe de Grave • 45
Les forces de la Résistance devant
Dunkerque • 50

53 • LES COMBATS CONTRE LES FORTERESSES
Sept mois de siège à Dunkerque • 54
Raids et coups de main • 56
Les combats dans les poches de Lorient et Saint-Nazaire • 59
Lorient • 60
Saint-Nazaire • 64
La Rochelle, un cas à part • 70
Meyer et Schirlitz • 70
Dénonciation de la convention d'octobre • 74
Royan et la pointe de Grave • 75
De Larminat et son état-major • 75
Le bombardement aérien de janvier 1945 • 78
Opérations Vénérable, Jupiter et Mousquetaire • 80
Royan, une destruction contestable • 82

85 • LA VIE DANS LES POCHES
Deux sources de première main • 85
La vie des défenseurs • 86
Des troupes disparates • 86
Razzias alimentaires • 87
Avions et sous-marins • 89
Maintien du moral • 90
Evacuation de populations civiles • 91
La vie des troupes autour des poches • 96
Le dénuement des engagés volontaires • 96
Un moral inébranlable • 97
Vivre comme les animaux • 98

101 • LES REDDITIONS DES POCHES (MAI 1945)
Royan • 102
La Rochelle • 103
Dunkerque • 104
Saint-Nazaire • 105
Lorient • 106

111 • CONCLUSION

114 • ANNEXES
Que sont-ils devenus ? • 114
Chronologie • 118
A visiter • 120
Sources • 120
Archives • 122
Sites Internet • 122
Film • 123
Livres • 124
Remerciements • 125

CREDITS PHOTOS

AKG-Images : pages 9, 21.
Mme Alliance : page 20 bas.
Bundesarchiv : couverture, pages 5, 26 bas, 28, 59, 67.
M.Buys : page 58 bas.
Canada (archives publiques) : page 51.
Collection particulière : pages 22, 26 haut droite, 33 haut, 36 haut, 37 bas gauche, 46, 49, 58 haut gauche, 60 bas, 70 bas, 121 haut droite.
Dagli-Orti : page 32 haut.
DITE (Agence) : pages 3, 6 haut, 13, 24 bas, 40, 42 haut, 44, 52, 58 haut droite, 61 haut, 62, 68 haut et bas, 69, 77, 80, 81, 82, 84, 91, 92 haut, bas gauche et bas droite, 93 bas, ,94 haut et bas, 96 bas, 97, 102, 105 haut gauche, 105 bas, 107 bas, 111, 117.
ECPAD : pages 20 haut, 86 bas, 87, 88, 89 haut.
Hanscotte François : pages 18, 43, 54-55, 56 haut et bas, 57 haut et bas, 104 haut et bas, 113 bas droite.
IGN (Paris) : pages 19, 29, 34 bas, 38, 50, 73.
Keystone : pages 6 bas, 93 haut, 95 haut et bas.
Collection Archives Municipales de Lorient : 27 bas, 96 haut, 106, 107 haut, 108 haut et bas, 109 haut et bas, 112 bas.
Musée du Grand Blockhaus (Luc Brauer) : pages 33 bas droite, 42 bas, 45, 48, 65, 66 haut et bas, 89 bas, 90, 98 haut et bas, 105 haut droite.
NARA (Washington) : pages 23, 30, 78, 79 haut, 86 haut, 99 bas, 101, 112 haut.
Roger-Viollet : pages 7, 8, 10, 14, 24 haut, 79 bas, 83, 99 haut, 103, 110, 113 haut et bas gauche, 116, 121 haut gauche
SHAA (Vincennes) : page 75
SHMA (Vincennes) : pages 26 haut gauche, 27 haut, 31 haut et bas, 32 bas, 33 bas gauche, 34 haut, 36 bas, 37 haut, 37 bas droite, 39 haut et bas, 60 haut, 64, 70 haut, 74.

Éditeurs
Henri Bancaud et Matthieu Biberon

Coordination éditoriale
Jessie Magana

Collaboration éditoriale
Caroline Brou et Aurélie Mahé

Cartographie
Patrick Mérienne

Mise en pages
Studio des Éditions Ouest-France

Photogravure
graph&ti, Cesson-Sévigné (35)

Impression
Mame Imprimeurs, Tours (37)

Édilarge SA, Rennes
ISBN 978-2-7373-4685-9
N° d'éditeur : 5864.01.05.02.11
Dépôt légal : février 2011
Imprimé en France
www.editionsouestfrance.fr